趣读小古文

滋养心灵的神话故事

张慧云
编著

商务印书馆国际有限公司
中国·北京

图书在版编目（CIP）数据

滋养心灵的神话故事 / 张慧云编著. -- 北京：商务印书馆国际有限公司，2023.1
（趣读小古文）
ISBN 978-7-5176-0930-8

Ⅰ.①滋… Ⅱ.①张… Ⅲ.①文言文－小学－教学参考资料 Ⅳ.①G624.203

中国版本图书馆CIP数据核字(2022)第218339号

ZIYANG XINLING DE SHENHUA GUSHI

滋养心灵的神话故事

著　者	张慧云
出版发行	商务印书馆国际有限公司
地　址	北京市朝阳区吉庆里14号楼 佳汇国际中心A座12层
邮　编	100020
电　话	010-65592876（编校部） 010-65598498（市场营销部）
网　址	www.cpi1993.com
印　刷	三河市紫恒印装有限公司
开　本	710mm × 1000mm　1/16
字　数	180千字
印　张	11.5
版　次	2023年1月第1版第1次印刷
书　号	ISBN 978-7-5176-0930-8
定　价	36.80元

前言

语文学习，阅读是根本。曾有一度，语文教育唯分数论，家长辅导找不到抓手，学生只得加入“刷题大军”。作为一名语文老师，我在困惑的同时，更激发出一种强烈的责任感和使命感。于是，八年前，我就开始了“大语文阅读”的教学实践，探索在阅读中提升语文素养的方法，困知勉行，终于积累了一定的经验。

这些年，“得语文者得天下，得阅读者得语文”的理念已经被越来越多的家长所认可。但另外的问题也随之而来：“阅读”从什么时候开始？读什么？怎么读？我在长期的语文教学中发现：培养孩子的人文素养，初中前是最佳阶段，因此，阅读开始得越早越好；相比于现当代文学作品，那些流传千年的文言文名篇，更是滋养孩子成长的沃土，因此，孩子们要多读一些文言文。前两个问题有了答案，第三个问题“怎么读”却把我难住了。

统编版小学语文教材编写者已经意识到了文言文的重要性，自三年级起，开始收录文言文，但数量不多，总共16篇。收录的文言文浅显易懂、篇幅短小，我们称之为“小古文”。到了初中，语文教材中文言文的数量陡增，难度升级，孩子们谈“文言文”而色变，甚至戏称其为语文学习的“三大拦路虎”之一。我仔细分析，认为造成这一状况的原因有二：一是孩子们没有在小学阶段培养起学习文言文的兴趣，二是孩子们在小学阶段的文言文阅读量不够。

有人可能会怀疑，文言文那么难，小学生能看懂吗？其实，早在数年前，我就开始试着给低龄儿童讲解小古文，以观察他们是否有“食古不化”的问题。我发现，越是低龄的孩子，反而越容易理解和接受文言文。

经过充分的准备，我开始着手为小学生们选取适合他们阅读和学习的文言文篇目。我既不能照搬古人的选编经验，又不能忽视现在的教学需求；既要精选名篇，又要兼顾小学生的认知规律，选篇过程之曲折一言难尽。我与责编张立晓老师经过两年多的筛选、打磨，秉承“喜闻乐见，古文启蒙”的原则，精心筛选出了一百多篇小古文，编订成“趣读小古文”丛书。依其内容分为三册，分别为《滋养心灵的神话故事》《启迪智慧的古代寓言》和《激励成长的历史人物》。

《滋养心灵的神话故事》主要收录21篇经典神话故事，兼收5篇先秦诸子故事和7篇哲理故事。共计33篇。《启迪智慧的古代寓言》收录了37篇能够给孩子智慧启迪的古代寓言故事。《激励成长的历史人物》收录了38篇对孩子有正向激励作用的历史人物故事。

语文教学，重在激发孩子的兴趣，文言文教学更应如此。因此，在编排上，本丛书重在趣味性与知识性的结合。为了贴近小学生的认知规律，我们从孩子的视角出发，采用“沉浸式互动”的方式串讲文言原文，并将其中蕴含的语言文字知识、历史知识、文化知识以及百科知识一一道来，语言晓畅易懂，在无形中化解孩子学习文言文的畏难情绪。

浩瀚的文言文中蕴藏着丰厚的传统文化知识与智慧，我们希望“趣读小古文”丛书能为孩子们打开一扇窗。由于能力有限，书中难免有不足和疏漏之处，敬请广大读者批评指正！

张慧云

目录

第 1 单元 神话传说——万物由来

第 2 单元 神话传说——众神之战

第3单元

神话故事与民间传说
——救世与抗争

第4单元

诸子故事

第5单元

哲理故事

第1单元

神话传说
——万物由来

01 盘古开天辟地

古籍出处

三国吴·徐整《三五历纪》

阅读背景

盘古开天辟地是我们熟知的创世神话，可是先秦的古书，包括记载了很多神话的《山海经》都没有记载这个故事。直到三国时期，东吴的徐整根据古书整编了一部叫《三五历纪》的书，才首次完整记载了这个故事。可惜，这本书现在已经散佚了。盘古开天辟地的故事，是从后人著作中辑录下来的。

原文诵读

tiān dì hùndùn rú jī zǐ pán gǔ shēng qí

天地混沌[1]如鸡子[2]，盘古生其

zhōng wàn bā qiān suì tiān dì kāi pì yáng qīng wéi

中。万八千岁，天地开辟，阳清为

tiān yīn zhuó wéi dì pán gǔ zài qí zhōng yí rì

天，阴浊为地。盘古在其中，一日

jiǔ biàn shén yú tiān shèng yú dì tiān rì gāo

九变，神于天，圣于地。天日[3]高[4]

注释

1. 混沌：传说中天地未形成时，元气不分、模糊不清的状态。
2. 鸡子：鸡蛋。
3. 日：每日，每天。
4. 高：增高。

yí zhàng dì rì hòu yí zhàng pán gǔ rì zhǎng yí
一丈，地日厚一丈，盘古日长一
zhàng rú cǐ wàn bā qiān suì tiān shù jí gāo dì
丈。如此[5]万八千岁，天数极高，地
shù jí shēn pán gǔ jí cháng gù tiān qù
数极深，盘古极长。……故[6]天去[7]
dì jiǔ wàn lǐ yě hòu nǎi yǒu sān huáng
地九万里也。后乃[8]有三皇[9]。

[5] 如此：这样。
[6] 故：因此。
[7] 去：相距，距离。
[8] 乃：才。
[9] 三皇：燧人氏（天皇）、伏羲氏（人皇）、神农氏（地皇）。

趣读古文

世界从哪里来

在世界范围内，有些问题至今未解，比如，世界从哪里来？

我们的祖先认为，世界是从一片混沌中诞生的。**天地混沌如鸡子，** 天和地是混沌状态的。这种状态很难描述，于是，作者用大家都可见的“鸡子”，也就是鸡蛋来比喻。这样，我们脑海里立刻就有画面了。

鸡蛋分为鸡蛋壳、鸡蛋清、鸡蛋黄三部分。

盘古生其中。 盘古就诞生在这大鸡蛋里。鸡蛋有多大？盘古有多高，是胖还是瘦，是黑还是白？虽然文中没有记载，但每个人都可以想象出一个“盘古”。**万八千岁，** 盘古就在“鸡蛋”里生长了一万八千年。

我还以为有一亿岁呢。

三国时期的计数单位没有亿，万在古代是比较大的计数单位了，古代的皇帝也才称自己为“万岁”呢。

经过了漫长的岁月，也许是盘古长得太高大把“鸡蛋”撑破了，也许是他不想再待在那片混沌中，于是**天地开辟，阳清为天，阴浊为地。**　我们可以把“阳清”理解为鸡蛋清，这是鸡蛋里比较轻的部分。轻而清的东西上升变成了天。“阴浊”可以理解为鸡蛋黄，这是鸡蛋里比较重的部分。重而浊的东西下沉变成了地。**盘古在其中，一日九变，**　盘古就在天和地的中间，不停地变化。“九变”可理解为一直在变。

为什么不是“一日十变”“一日二十变”呢？

在传统文化中，九是最大的阳数，也是极数。

神于天，圣于地。　日复一日，盘古比天地还要神圣。

天日高一丈，地日厚一丈，盘古日长一丈。　天每天升高一丈，地每天加厚一丈，而盘古与天地一起长，也每天长高一丈。古代的长度单位没有米，常用丈、寸等，一丈相当于3.3米。

如此万八千岁，　就这样过了一万八千年。我们普通人的寿命最高不过百余岁，“万八千岁”得有多漫长！况且还要这么一直撑着天地，努力生长着。长到什么时候呢？直到**天数极高，地数极深，盘古极长。**　天升得高极了，地变得厚极了，盘古也变得高极了。

总不能一直这样长下去吧，一直撑着天地也太累了！

传说，后来盘古就真的累死了，化为了天地万物……

……**故天去地九万里也。**　于是天和地相距九万里。

后乃有三皇。　盘古之后，世上才有了三皇，即燧人氏（天皇）、伏羲氏（人皇）、神农氏（地皇）。

翻译填空

天地混沌未开，像一个（　　），盘古就诞生在其中。经过一万八千年，天和地分开了，轻而清的东西上升为天，重而浊的东西下沉为地。盘古在（　　）的中间，一日变化九次，比天地还要神圣。天（　　）升高一丈，地（　　）增厚一丈，盘古也每日长高一丈。这样又过了一万八千年。天升得高极了，地变得厚极了，盘古也长得高极了。……所以天（　　）地九万里。后来（　　）出现了世间的三皇。

参考答案：鸡蛋、天和地、每日、每日、距离、才

写作一点通

如何把想象力落实到写作

想象力是写作中很重要的能力。这篇文章把作者的想象力发挥得淋漓尽致。那么，如何把孩子天马行空的想象力落实到写作中呢？这篇小古文可以给我们一些启发。

- 如何把想象力落实到写作
  - 想象不是空想、幻想和假想
  - 想象要基于现实生活
    - 天地混沌如鸡子：比照鸡蛋，有了形状和颜色
    - 阳清为天：比照蛋清
    - 阴浊为地：比照蛋黄
  - 想象出来的事物要具体，列数字是一个巧妙的技巧
    - 天日高一丈，地日厚一丈，盘古日长一丈：数字让想象更具体、直观

思考探究

1. 你认为我们的世界是这样创造出来的吗？为什么？

2. 你还知道哪些创世故事，分享给大家。

日积月累

盘古死后，他的身体变成了什么

根据古籍的描述，盘古死后，他的左眼飞上天空变成了太阳，右眼飞上天空变成了月亮，四肢五体变为四极五岳，血液化为江河，筋脉化为道路，肌肉化为田地，头发变成了星辰，皮肤生出了草木，牙齿和骨头变为金石，精髓变为珠玉，他身上流出的汗变成雨泽。他身上的虫子，被风一吹，变成了人。

02 混沌开七窍

古籍出处

战国·庄子《庄子·应帝王》

阅读背景

庄子是战国时期著名的思想家、哲学家，是继老子之后，道家学派的代表人物。《庄子》又名《南华经》，由庄子及其后学所著，反映了庄子的哲学、艺术、美学等观念，内容丰富，想象奇特，具有浓厚的浪漫主义色彩。庄子认为，世界万物都是浑然一体的。他主张无为而治。这篇神话就体现了庄子的这一思想。

原文诵读

南(nán)海(hǎi)之(zhī)帝(dì)为(wéi)倏(shū)[1]，北(běi)海(hǎi)之(zhī)帝(dì)为(wéi)忽(hū)[2]，中(zhōng)央(yāng)之(zhī)帝(dì)为(wéi)混(hùn)沌(dùn)[3]。倏(shū)与(yǔ)忽(hū)时(shí)相(xiāng)与(yǔ)遇(yù)于(yú)混(hùn)沌(dùn)之(zhī)地(dì)，混(hùn)沌(dùn)待(dài)之(zhī)甚(shèn)善(shàn)[4]。

倏(shū)与(yǔ)忽(hū)谋(móu)[5]报(bào)混(hùn)沌(dùn)之(zhī)德(dé)，

注释

[1][2][3] 倏、忽、混沌：都是人名。倏和忽是转眼之间的意思。混沌，也作浑沌。

[4] 待之甚善：非常热情地款待他们。甚，非常；善，友好、热情。

[5] 谋：商量。

yuē rén jiē yǒu qī qiào yǐ shì tīng shí xī
曰：“人皆有七窍[6]以视听食息[7]，

cǐ dú wú yǒu cháng shì záo zhī rì záo yí qiào
此独无有，尝试凿之。”日凿一窍，

qī rì ér hùn dùn sǐ
七日而混沌死。

[6]七窍：指一口、两眼、两耳、两鼻孔。

[7]视听食息：看、听、吃、呼吸。

趣读古文

世界的最初状态

这个故事中的混沌与《盘古开天辟地》中的混沌是不同的。《盘古开天辟地》中的混沌指的是天地开辟以前模糊一团的景象，本文中的混沌则是一个神的名字。

南海之帝为倏，北海之帝为忽， 南海的大帝名叫倏，北海的大帝名叫忽。在庄子之前，古代文献中并没有关于这两个海神的记载。由此可以推断，倏和忽是庄子在这则故事里创造出的两个神。

庄子为什么用这两个字做海神的名字？

倏和忽都是转眼之间的意思，意在讽刺二神做事快而不加思考。

中央之帝为混沌。 中央的帝王名叫混沌。此混沌与中国古代神话中四大凶兽之一的“混沌”也并非同一个，它是庄子在这则故事里创造出来的。

倏与忽时相与遇于混沌之地，混沌待之甚善。 倏与忽常常相会在混沌之处，混沌对他们非常友善，提供的食物很丰盛，待客的礼节很周全。

倏与忽谋报混沌之德，　于是，倏和忽就商量怎么报答混沌的深厚情谊。

如果你要报答别人，会选择什么方式呢？

在他不擅长的地方帮助他，或者给他所没有的东西。

怎么报答别人也是需要仔细琢磨的。倏和忽商量了半天，决定从混沌的“缺陷”着手。

曰：“人皆有七窍以视听食息，此独无有，尝试凿之。”　所谓“七窍”，指面部的七个孔窍，即两只眼睛、两只耳朵、两个鼻孔、一张嘴。人有七窍，才能够看、听、吃东西、呼吸，但是混沌却没有七窍。推己及人，倏和忽认为没有“七窍”的混沌一定过得很不好，所以就想尝试着帮他凿出七窍。

日凿一窍，七日而混沌死。　混沌大概是出于信任，就任由他们去凿。倏和忽每天给混沌凿出一个孔窍，不辞劳苦地凿了七天，终于为他凿出了七窍。本以为大功告成了，混沌却因此死去了。惊喜变成了惊吓。至于混沌是怎么死的，文章没有说明，是被凿死的，还是因为七窍开后看到的世界太精彩而兴奋致死的，我们不得而知。

为什么倏和忽好心却办了坏事？

这要从庄子创作这个故事的目的讲起。

庄子主张，做事要顺应事物发展的规律。混沌本无窍，倏忽强行凿开，就违背了事物的本性。倏和忽为混沌凿窍的行为就是不按规律办事的表现。不按规律办事，就往往会好心办坏事。

翻译填空

南海的大帝名叫倏，北海的大帝名叫忽，中央的大帝叫混沌。倏与忽常常（　　）于混沌之处，混沌十分热情地（　　）他们，倏和忽在一起（　　）报答混沌的深厚情谊，说："人人都有眼耳口鼻七个（　　）用来视、听、吃和呼吸，唯独混沌没有，我们试着为他（　　）七窍。"他们每天凿出一个孔窍，凿了七天，混沌却死去了。

参考答案：相会、款待、商量、孔窍、凿开

思考探究

1. 你身边有没有好心办了坏事的例子？试着说说看。
2. 从这个故事里，你懂得了什么道理？

日积月累

四大凶兽

主要是指传说中被舜帝流放的四个凶神，分别是：形象如同巨大的狗的"混沌"、人头羊身并且腋下长眼睛的"饕餮"、生有翅膀的大虎"穷奇"、人头虎腿并长有野猪獠牙的"梼杌"。

03 女娲造人

古籍出处

东汉·应劭《风俗通义》

阅读背景

应劭，字仲远，东汉末年著名学者，一生著作丰富。

《风俗通义》又名《风俗演义》，记述了汉代的社会风俗和一些破除迷信的故事。语言生动，善于叙事，对后世志人志怪小说有着很大的影响。

原文诵读

sú shuō tiān dì kāi pì, wèi yǒu rén mín,
俗说天地开辟，未有人民，

nǚ wā tuán huáng tǔ zuò rén. wù jù, lì
女娲[1]抟[2]黄土作人。务剧[3]，力

bù xiá gōng, nǎi yǐn shéng yú ní zhōng, jǔ yǐ
不暇供[4]，乃引[5]绳于泥中，举以

wéi rén. gù fù guì zhě, huáng tǔ rén, pín jiàn fán
为人。故富贵者，黄土人，贫贱凡

yōngzhě, yǐn gēng rén yě.
庸者，引绠[6]人也。

注释

[1] 女娲：传说人面蛇身的神，创造了人类。

[2] 抟：用手将松散的东西搓捏成团。

[3] 务剧：工作繁重。

[4] 力不暇供：力不从心。

[5] 引：牵、拉。

[6] 绠：绳子。

趣读古文

我们从哪里来

现代科学证明，人类是由森林古猿进化而来的。但在科技不发达的古代，人类起源问题已争论了几千年，并有各种各样的说法。有的说法认为人是天地生的，有的认为人是植物变的，还有的认为人是动物变的……而在中国，流传较广的就是女娲造人说。

上古时期，人类还处于母系氏族社会的阶段，女性在生产和生活中居于重要地位。女娲造人的神话，反映了早期人类社会的生存状况。

俗说天地开辟，未有人民， 民间传说，天地开辟之初，大地上还没有人类。于是，创世女神——女娲就应运而生了。那么女娲是怎么造人的，用什么材料造人的呢？

女娲抟黄土作人。 女娲把黄土团在一起捏成人的形状，吹一口气，这些“泥人”就变成了活生生的人。

女娲为什么用土，而不是用玉石或别的材料造人？

这要回到这个故事产生的年代——汉代，那时农耕文明已趋于成熟，用代表农业文明的黄土作为造人的材料更容易被民间理解和接受。

在农耕文明发达的古代，土有着重要的意义，至于为什么用黄土而不用黑土，是因为我国古代文明的发源地——黄河流域的土都是黄色的。

用黄土捏成一个一个的泥人，工作量是非常大的。**务剧，力不暇**

供，　女娲干得又忙又累，疲倦不堪，可还是赶不上供应。大地太广阔，需要很多的人，靠女娲一己之力手工捏泥人是满足不了需求的。那就换个简单快速的办法吧。

乃引绳于泥中，举以为人。　于是，她就牵起绳子投入泥浆中，举起绳子一甩，点点泥浆洒落在地上，就变成了一个个人。这应该是人类历史上第一次的“批量生产”了吧。批量生产虽然快，但质量难免受影响。于是，人类就有了差别。

故富贵者，黄土人，　因此，后人说，富贵的人是女娲亲手用黄土捏成的，精细、娇贵、数量少。

在文言文中，常常见到“者……（也）”的结构，它表示判断，“者”和“也”都是表示判断的语气词，没有实际意义。“也”可以省略。

贫贱凡庸者，引絙人也。　而贫贱的人只是女娲用绳子沾泥浆，把泥浆甩落在地上变成的。在封建社会，富贵的人是少数，贫贱的老百姓才是多数。

在蒙昧的时代，百姓对此深信不疑，要不怎样解释人生来不同，甚至有着天壤之别呢？

翻译填空

民间传说，天地开辟之初，大地上并没有人类，女娲把黄土（　　　）造了人。她干得又忙又累，竭尽全力还赶不上（　　　）。于是她就拿了条绳子投入泥浆中，（　　　）绳子一甩，泥浆洒落在地上，就变成了一个个人。后人说，（　　　）的人是女娲亲手用黄土捏出来的，而（　　　）的人只是女娲用绳沾泥浆，把泥浆甩落在地上变成的。

参考答案：捏成团、供应、举起、富贵、贫贱

写作一点通

想象要以现实为基础

想象是创造文学艺术形象的重要手法之一，没有想象就没有艺术。但天马行空的想象要与大家普遍的认知相吻合。如，本文中造人的是女神，而不是男神；用黄土捏人，而不是黑土。因此，虽然这是篇神话，但在逻辑上仍然可以被我们接受。

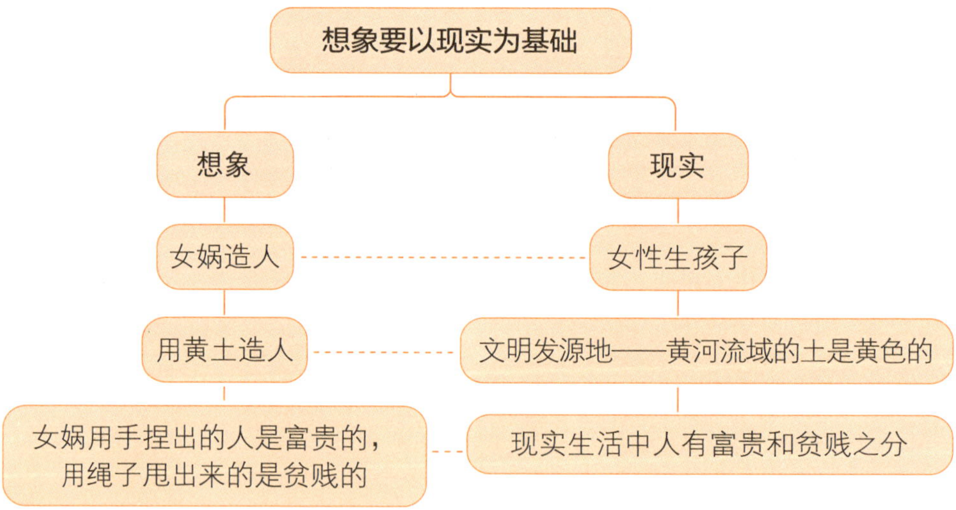

思考探究

1. 这个故事反映了历史上怎样的特殊时期？

2. 你觉得“捏出来的人富贵，绳子甩的泥浆变的人贫贱”是否合理？为什么？

日积月累

关于女娲的冷知识

音乐女神：女娲发明了一些叫笙簧、瑟、埙的乐器，于是人们奉女娲为音乐女神。

婚姻女神：她为人类建立了婚姻制度，使青年两性相互婚配，繁衍后代，因此也被称为婚姻女神。

礼仪之神：女娲看到人们日出而作、日落而息，生活单调，产生怜惜之心，化甘露为酒，赐给百姓。百姓感恩戴德，以酒敬女娲，后来成为礼仪，女娲又被尊为礼仪之神。

人类之母与大地之母：作为创世女神的女娲，以神灵的形象出现，被称为人类之母与大地之母。

上古三皇之一：作为上古贤王的女娲，以人类的形象出现，是母系氏族首领与上古三皇之一。

04 仓颉造字

古籍出处

东汉·许慎《说文解字·叙》

阅读背景

东汉经学家、文字学家许慎编纂的《说文解字》，简称《说文》，是中国第一部按部首编排的字典，共分540个部首，收录了1万多个字；也是世界上最早出现的辞书。《说文解字》还保存了大量古代社会历史、文化等方面的材料。

原文诵读

huáng dì zhī shǐ cāng jié jiàn niǎo shòu tí
黄帝之史仓颉[1]，见鸟兽蹄

háng zhī jì zhī fēn lǐ zhī kě xiāng bié yì yě
迒[2]之迹，知分理[3]之可相别异也，

chū zào shū qì cāng jié zhī chū zuò shū gài
初造书契[4]。仓颉之初作书，盖[5]

yī lèi xiàng xíng gù wèi zhī wén qí hòu xíng
依类象形[6]，故谓之文；其后形

shēng xiāng yì jí wèi zhī zì wén zhě wù
声相益[7]，即谓之字。文者，物

注释

[1] 仓颉：传说是黄帝的史官。

[2] 蹄迒：鸟兽留下的脚印。

[3] 分理：纹理。

[4] 书契：文字。

[5] 盖：大概。

[6] 象形：描摹事物形状。

[7] 益：增加。

xiàng zhī běn　zì zhě　yán zī　rǔ ér jìn

象之本。字者，言孳[8]乳而浸[9]

duō yě

多也。

[8] 孳：滋生。

[9] 浸：渐渐。

趣读古文

中国文字诞生记

汉字是世界上最早的文字之一，大概有6000年的历史了。很多人都觉得汉字难学、难记、难写，那为什么不造得简单些呢？这得从远古时候说起。

人类社会早期是没有文字的，这样的生活过了很久。为了适应生活的需要，人们用各种方法记事，较早的是结绳记事，但用打绳结的方法记录的事情有限，太不方便了。后来，伏羲氏观察天上的星象和地上鸟兽的形状，作了八卦图，用以计数和记事。但是，这种方法还是不方便。事情越来越多，越来越细，就需要一种更简便易懂又能广泛推行的记录方式。

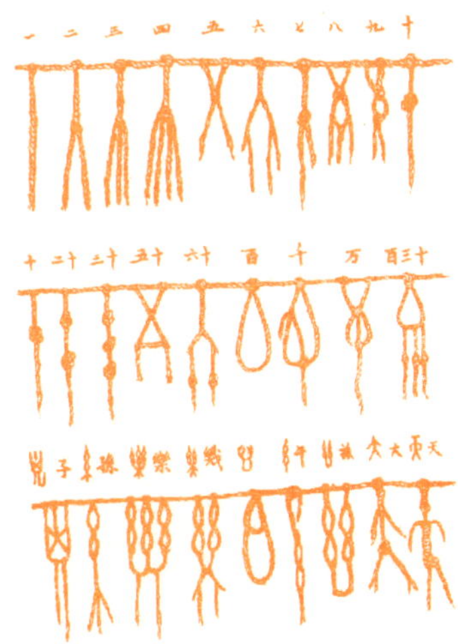

结绳记事

黄帝之史仓颉，见鸟兽蹄迒之迹， 黄帝的一个史官叫仓颉，仓颉很聪明，做事又尽心尽力。但需要记录的事情越来越多，结绳的方法已经不够用了，怎么办呢？仓颉决心寻找一种便捷的记事方式。有一年，仓颉到南方巡狩，他看到鸟兽足迹，羊的足迹尖尖的，马的足迹圆一些，**知分理之可相别异也，** 悟出纹理有别而鸟兽可辨。既然能从不同的脚印辨别出鸟兽来，那画一些有代表性的符号，不是比结绳记事更容易懂吗？**初造书契。** 于是，仓颉开始创造文字。

仓颉之初作书，盖依类象形，故谓之文； 仓颉在开始创造文字的时候，大抵是依照事物的形象画出它们的形状，所以叫作“文”。

仓颉最早造的字应该是象形字，从一些字的甲骨文形态就能看出来。比如牛、羊、日、月的甲骨文分别是、、、。

但有些字画不出形状来，比如“上”“下”，就用“丄”“丅”来表示。这是指事字。但还是不够用怎么办，于是就有了会意字。比如，木，“木”多了为“林”，更多的叫“森”。人靠在树上叫“休”。但会意字还是不够用，**其后形声相益，即谓之字。** 后来仓颉在象形造“文”的基础上增加了形声结合造字，这样造出的叫作“字”。

仓颉像

想要满足日益增长的生活需求，文字最终还得批量“创造”。汉字中，形声字是最多的。“形”表示字的意义，“声”表示字的读音。

比如，沐是个形声字，“氵”表示形，跟水有关，“木”表示读音，没有意义。仔细观察，你会发现很多形声字。

栋、骑、粮、辆……都是形声字。

文者，物象之本， “文”是依照事物的形状画出来的字，多是象形字，表示的是事物的本然现象。**字者，言孳乳而浸多也。** “字”就是由言语滋生繁衍出来而逐渐增多的。所以今天我们统称为“文字”。有了文字，人类跨入了一个新的时代。

后来，文字逐渐演变成不同形体，有刻在龟甲上的甲骨文，有刻在青铜器上的金文，有大篆、小篆，还有隶书等等。随着人们对世界的认识不断深入，人们创造的文字也越来越多。可见，发明文字专利权归于仓颉，造字的功劳，则属于广大的先贤们。

翻译填空

黄帝的史官仓颉，看到（　　），悟出纹理有别而鸟兽可辨，于是开始创造文字。仓颉在开始创造文字的时候，大抵是依照事物的（　　）画出它们的形状，所以叫作“文”。后来他用形旁声旁（　　）造字，这样造出的就叫作“字”。“文”是表示事物的本然现象，“字”就是由（　　）滋生出来而逐渐增多的。

参考答案：鸟兽足迹、形象、结合、言语

思考探究

1. 仓颉能造出字来有哪几种原因？
2. 试用一句话说一说仓颉对人类的贡献。

日积月累

什么是“六书”

“六书”是古人解说汉字的结构和使用方法而归纳出来的六种条例。许慎总结为：象形、指事、会意、形声、转注和假借。

一般都认为，六书中象形、指事、会意、形声属于造字之法，转注、假借则属于用字之法。

05 燧人氏钻木取火

古籍出处

北宋·李昉 等《太平御览》

阅读背景

《太平御览》是宋代著名的类书，由李昉、李穆、徐铉等学者奉旨编纂。它初名为《太平总类》，全书以天、地、人、事、物为序，分成五十五部五百五十门类，可谓包罗古今万象。有点像现在的百科全书。这部写完后，宋太宗赵光义每天都要看上三卷，所以书名后改为《太平御览》。

原文诵读

suì míng guó bù shí sì shí zhòu yè qí
燧明国[1]不识四时昼夜[2]，其
rén bù sǐ yàn shì zé shēng tiān guó yǒu huǒ shù
人不死，厌世则升天。国有火树，
míng suì mù qū pán wàn zhàng yún wù chū yú
名燧木，屈盘[3]万丈，云雾出于
zhōng jiān zhé zhī xiāng zuān zé huǒ chū yǐ
中间。折枝相钻，则火出矣。
hòu shì shèng rén biàn xīng sāo zhī wèi yóu rì yuè zhī
后世圣人变腥臊之味，游日月之

注释

[1]燧明国：传说中的国家名。

[2]四时昼夜：春夏秋冬和白天黑夜。

[3]屈盘：曲折盘绕。

wài yǐ shí jiù wàn wù nǎi zhì nánchuí mù cǐ
外，以食救万物，乃至[4]南垂。目此

shù biǎo yǒu niǎo ruò xiāo yǐ kǒu zhuó shù càn
树表，有鸟若鸮[5]，以口啄树，粲

rán huǒ chū
然火出。

shèng rén gǎn yān yīn qǔ xiǎo zhī yǐ zuān
圣人感[6]焉，因[7]取小枝以钻

huǒ hào suì rén shì
火，号燧人氏。

[4] 至：到。

[5] 鸮：古代对猫头鹰一类鸟的统称。

[6] 感：感悟。

[7] 因：于是。

趣读古文

人类是怎么学会用火的

火的发现和利用，对于人类和社会的发展有着巨大意义。但是，人们什么时候发现并利用火的，没有固定的说法。长久以来，关于火的发现和使用，有着各种各样的传说。这则故事是流传最广的一个。

燧明国不识四时昼夜， 传说中有一个国家叫燧明国，那里的人从来不知道什么是春夏秋冬，什么是白天黑夜。燧，本义是古代的取火器。从燧明两个字就不难看出，燧明国跟火和光明有关系。

其人不死，厌世则升天。 那个国家的人不会死，不想活在世上了就飞升到天上去。

太神奇了！世界上真有燧明国吗？

据说燧明国是旧石器时代的一个部落，在今天河南商丘一带。

国有火树，名燧木，屈盘万丈， 燧明国里有棵名叫燧木的火树，曲折盘绕，有一万丈高。一万丈有多高呢？接下来，作者就具体而形象地描述了树之高。**云雾出于中间。** 天上飘浮的云雾从燧木的枝叶间生出。这样，树的高度一下子就具象化了。

如果只是高大，这棵树还不够神奇，它最神奇的地方在于，**折枝相钻，则火出矣。** 把树枝折断，相互摩擦就能生出火来。这里的钻，是摩擦的意思。

后世圣人变腥臊之味，游日月之外，以食救万物，乃至南垂。 远古人类“茹毛饮血”，吃的食物都是生的，所以是“腥臊之味”。

想象一下生吃鸡肉、牛肉或羊肉的感觉，那就是腥臊之味。

想想都难以下咽啊。

后世有一个圣人改变了人们吃生食的习惯，他游历到日月之外的远方，用不再有“腥臊之味”的食物救助万物，圣人一直游历到南方的边境。那里就是燧明国。

目此树表，有鸟若鸮， 圣人来到燧明国后，第一眼看到的肯定就是高达万丈的燧木了。他看到这棵树上，有像猫头鹰一样的鸟。表是外面的意思，树表就是指树皮。这些鸟在干什么呢？**以口啄树，粲然火出。** 它们在用嘴啄树，每啄一下，就有灿然的火光发出。

圣人感焉，因取小枝以钻火，号燧人氏。 圣人异于常人的地方，就在于他能在司空见惯的现象中发现别人忽略的东西。鸟栖于树，以喙啄木而火星隐现，因此点燃了圣人的智慧之火。于是，圣人感悟到了“钻木生火”的道理。他把燧木枝折下来，相互摩擦来取火。他也因此被后人称为燧人氏。

翻译填空

传说中有一个国家叫燧明国，那里的人从来不知道什么叫春夏秋冬，什么叫（　　　）。那儿的人不会死，不想活在世上了就飞升到天上去。国中有棵名叫燧木的火树，（　　　）起来，有一万丈高，云雾从枝叶间生出。把树枝折断，相互摩擦就能生出火来。后世有一个圣人，改变了食物腥臊的味道，（　　　）到了日月之外的远方，用食物来救助万物，一直游历到南方的边境。圣人看到这棵树上，有长得像猫头鹰一样的鸟，在大树的枝叶间用嘴啄木，每啄一下，就有（　　　）的火光发出。于是，圣人感悟到了“钻木生火”的道理，所以就试用小树枝来摩擦相钻，果然钻出火来。于是后人就称他为（　　　）。

参考答案：白天黑夜、曲折盘绕、游历、灿然、燧人氏

写作一点通

如何让想象力更新颖

创造性是想象力的灵魂。古人是怎样发现“钻木”能取火的？谁也不确定。但这篇神话想象出的这个“燧明国”就很独特，圣人因为看到鸟啄“火树”才有了“钻木取火”的灵感，新颖、生动。

- 如何让想象力更新颖
  - 再现想象：有改动，有取舍
  - 情节上有构思
    - 起因：寻找光明
    - 经过：遇见火树
    - 结果：启发灵感，发明了钻木取火

思考探究

1. 大自然是最好的老师，它教给我们许多生存的本领，故事中的圣人就是被“______________”这一自然现象所启发，悟出了钻木取火的道理。

2. 古今中外，依据自然现象或生活现象而发明创造的事例不胜枚举，请试举两例。

日积月累

燧人氏：“三皇”之首，被奉为“天皇”，尊称“燧皇”。中国社会科学院历史研究所2002年编制的《中国历史年表》中把“三皇”之首“天皇”燧人氏所处的年代界定为100万年前。燧人氏是中华民族可以考证的第一位祖先。燧人氏生**伏羲氏、女娲氏**。

钻木取火的原理：根据摩擦生热的原理产生。木原料的本身较为粗糙，在摩擦时，摩擦力较大会产生热量，加之木材本身就是易燃物，所以就会摩擦出火星来。

06 神农化民

古籍出处

东汉·班固《白虎通义》

阅读背景

《白虎通义》又称《白虎通》，是班固等人根据汉章帝建初四年（79）经学辩论的结果撰集而成。因辩论地点在白虎观而得名。书中也记录了关于三皇五帝的一些故事。

原文诵读

gǔ zhī rénmín jiē shí qín shòu ròu zhì yú
古之人民皆[1]食禽兽肉，至于[2]

shén nóng rén mín zhòng duō qín shòu bù zú
神农[3]，人民众多，禽兽不足，

yú shì shén nóng yīn tiān zhī shí fēn dì zhī lì
于是神农因天之时[4]，分地之利，

zhì lěi sì jiāo mín láo zuò shén ér huà zhī shǐ
制耒耜[5]，教民劳作。神而化之，使

mín yí zhī gù wèi zhī shénnóng yě
民宜之，故谓[6]之神农也。

注释

[1] 皆：都。

[2] 至于：到了。

[3] 神农：传说中农业和医药的发明者。

[4] 因天之时：顺着天时。因，顺着。

[5] 耒耜：古代一种像犁的农具，也用作农具的统称。

[6] 故谓：所以称。

趣读古文

农业的由来

神农氏就是与黄帝齐名的炎帝。从古到今，炎帝和黄帝被视为中华民族的始祖。据传，炎帝生于陕西宝鸡姜水，带有浓厚的传说色彩。

那时候，百姓的生活可不像今天这么富足，甚至吃饭都成问题。

古之人民皆食禽兽肉，　上古的人民都吃鸟类和野兽的肉。

那多好啊，天天能吃肉！

读古文要代入古文的背景，那时人们没什么食物，而且禽兽的肉也不是天天能吃到。

那时候，人们打猎没有趁手的工具，有时要徒手抓野兽，常常有生命危险。而天上的飞禽更不好捉。抓不着禽兽，人们就得饿着。他们没有别的可吃，没粮食，没蔬菜，更没鸡蛋牛奶等，因为这些食物都还没有诞生。了解了这些，你还羡慕古人吃“野味”吗？

至于神农，人民众多，禽兽不足，　到了神农的时候，随着人口数量的增多，禽兽都不够吃了。民以食为天，既然打猎这种获取食物的方法行不通了，就必须寻找新的途径去获得食物。

于是神农因天之时，分地之利，制耒耜，教民劳作。　于是神农根据自然时令、土地的肥沃程度等，制作耒耜等农具，教人民劳作。

关于神农有很多传说，其中一个传说就是他从杂草中找到了可以种植和食用的五谷。

神农教导人们耕种，在他之前，没有可学习的经验，更没有二十四节气来指导种植，他只能摸着石头过河。大自然就是最好的老师。春季，万物萌发，适合播种。播种要选择肥沃的土地，在哪里播种也是一门学问。庄稼的生长需要水，从哪里引水来灌溉庄稼？庄稼的收成怎么还能更好？都得一一选择、不断地试验。神农发明了农具，还传授给百姓们种庄稼的方法，“培训上岗”。但通过耕作来获取食物可没有打猎快捷。种地不仅累，还得等，辛苦劳作数月也不能确定是否有好的收成。因此，我们可以推测，最初愿意耕作的百姓不会太多。

我国的劳动人民经过长期对天文、气象、物候进行观测和探索，才总结出二十四节气来指导农事活动。可以想象农业开创之初，神农的艰难。

神而化之，使民宜之，　神农教化百姓，一点一点地改变他们的观念，教他们播种、使用农具、养护庄稼，使他们适应农业生活。打猎要一直游走，而种庄稼则要定居下来，虽然过程较长也很艰苦，但从长远来看，农业生产增加了食物供应，改善了人们的生存条件。故谓之神农也。　因此，炎帝被称为神农，被尊称为中国的“农业神”。

炎帝神农氏耒耜图

除了农业之外，据说，还有些发明也都跟神农有关，比如：医药、制陶、绘画、制琴、音乐、舞蹈等。可见，炎帝时期，德、智、体、美得到了全面发展。

翻译填空

古代，人们都吃（　　　）和（　　　）的肉。到了神农的时候，人太多了，禽兽不够吃，于是神农（　　　）自然时令、土地的肥沃程度，制作耒耜等（　　），教人民劳作。教化他们，使人民（　　）农业生活，因此他被称为神农。

参考答案：鸟类、野兽、根据、农具、适应

写作一点通

如何写发明创造

神农氏可谓中国享有发明创造“专利”最多的人，他的许多发明，改变了人类的生存状况。直到今天，发明创造依然改变着世界。你想发明什么？以《未来的XX》为题，按照下面的思路来写作。

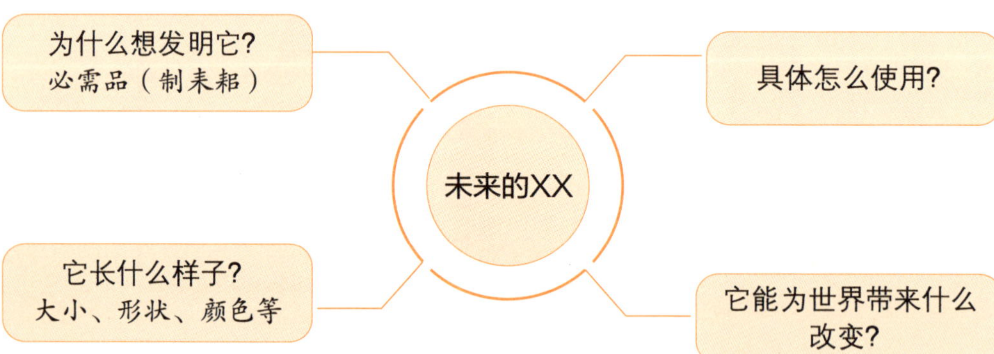

思考探究

1. 神农为什么教民众耕作？

2. 你还知道哪些与神农有关的故事？

日积月累

五谷

“五谷”指五种谷物。“五谷”具体指哪些谷物，古代有多种不同说法，最主要的有两种：一种指稻、黍（shǔ）、稷（jì）、麦、菽（shū）；另一种指麻、黍、稷、麦、菽。前者应用更广泛一些。

稻，俗称水稻、大米；

黍，俗称黄米；

稷，又称粟，俗称小米；

麦，俗称小麦，制作面粉用；

菽，俗称大豆。

因为有的地方气候干旱，不利于水稻的种植，因此有的地方将麻（俗称麻子）代替稻，作为五谷之一。

07 神农尝百草

古籍出处

清·吴乘权《纲鉴易知录》

阅读背景

神农的故事家喻户晓，《史记》《淮南子》《搜神记》等均有记载。因为神农诞生得太早，古人们对他的认识犹如盲人摸象一般。我们了解到的神农，是古人经过几千年的加工、编撰，拼接而成的形象。这篇文章中的“炎帝”就是神农。

原文诵读

mín yǒu jí　wèi zhī yào shí
民有疾，未知药石[1]，

yán dì shǐ wèi cǎo mù zhī zī
炎帝始味草木之滋[2]，

chá qí hán wēn píng rè zhī xìng
察[3]其寒、温、平、热之性，

biàn qí jūn chén zuǒ shǐ zhī yì
辨[4]其君、臣、佐、使之义，

cháng yí rì ér yù qī shí dú
尝[5]一日而遇七十毒，

注释

[1] 药石：药物。

[2] 滋：滋味。

[3] 察：观察。

[4] 辨：辨别。

[5] 尝：曾经。

shén ér huà zhī suì zuò wén shū shàng yǐ liáo
神而化⑥之，遂⑦作文书上以疗

mín jí ér yī dào zì cǐ shǐ yǐ
民疾，而医道⑧自此始矣。

⑥化：化解。

⑦遂：于是。

⑧医道：医学之道。

趣读古文

医药的由来

人吃五谷杂粮，哪有不生病的？生病了就吃药，在今天是习以为常的。可是在上古时期，这是不可想象的。

那时候，人们吃野菜，喝生水，采集野果，甚至吃地上爬行的小虫子，因此常常生病、中毒或是受伤。

民有疾，未知药石，　先民们生了病以后多是硬挺，因为那时候他们还不知道药物的存在，也不知道生病了怎么治，所以大多寿命较短。

“药石”是药还是石头？

“药石”是药物的总称。药指方药，石指砭石。砭石是指能治病的石头。在石器时代，人们为解除病痛，常以石块磨成尖石或片状，用来破开脓包及放血等。

炎帝始味草木之滋，　炎帝，就是我们熟悉的神农，他本为姜水流域姜姓部落首领。他发明了农具，教老百姓种植五谷，使百姓的生活质量提高了一大截。

据传，炎帝牛首人身，与黄帝同为华夏始祖。

先民们的吃饭问题解决了，可他们仍面临着疾病的困扰。于是，炎帝开始研究治病之法。他先从了解身边的各种植物开始。他尝遍了百草的滋味。**察其寒、温、平、热之性，** 体察百草寒、温、平、热的药性。“草”也是有“个性”的：有些食物食性平和，称为平性，如我们平时常吃的大米、黄豆、土豆、白菜等；有些食物能减轻或消除热症，属寒凉性，如白萝卜、冬瓜、香蕉、西瓜等；有些食物能减轻和消除寒症，属温热性，如生姜、葱白、香菜等。

但植物的种类这么多，怎么分辨它们的药性，又怎么搭配？为了解决这个问题，炎帝把它们详细分了类。**辨其君、臣、佐、使之义，** 辨别百草之间像君、臣、佐、使般的相互关系。

“君、臣、佐、使之义”原指君主、臣僚、僚佐、使者四种人分别起着不同的作用，后来比喻中药处方中的各味药的不同作用。

为了找到药用植物并分辨出它们的药性，炎帝尝遍了百草的滋味。这是一件非常危险的事，弄不好会有生命危险。**尝一日而遇七十毒，** 炎帝曾经一天就遇到了七十种毒，**神而化之，** 但他却神奇地化解了这些毒。如何化解的？有着诸多传说。有传说是西王母给他吃了解毒的仙丹，后人称之为“延龄草”；有传说他找到了能起死回生的“灵芝”草；也有传说他发现了一种叫“茶”的植物，能够清洗肠胃，驱逐

毒素。虽然都是传说，但这些解毒的药草至今还发挥着作用。

遂作文书上以疗民疾，　炎帝通过尝百草，了解了植物不同的药性，并把这些发现记录下来，传授给更多的人，用来治疗百姓的疾病。**而医道自此始矣。**　而医学之道也就从此开始。为了纪念他，旧时的药铺里，常挂着炎帝手执药草的画像。

我国已知最早的中药学著作《神农本草经》传说就是“神农”所作。

翻译填空

上古先民有（　　　），但还没有发明（　　　）。炎帝开始尝遍百草的（　　　），辨别百草之间像君、臣、佐、使般的相互关系。他（　　　）一天就遇到了七十种毒物，但都神奇地化解了。（　　　）他用文字记下药性用来（　　　）百姓的疾病，医药之道也就从此（　　　）了。

参考答案：疾病、医药、滋味、曾经、于是、治疗、开始

思考探究

1. 炎帝为什么被称为中国医药的始祖？
2. 你还知道哪些关于炎帝的故事？

日积月累

炎帝与断肠草

有一种藤状植物，绿叶黄花，有剧毒，炎陵县本地人把它叫作“王药”或“断肠草”。传说炎帝就是误尝了这种草中毒死的。

第2单元

神话传说
——众神之战

08 炎黄之战

古籍出处

战国·列子《列子·黄帝篇》

西汉·贾谊《新书》

阅读背景

上古时期，经过多次战争，黄帝统一了中原各部族。其中，黄帝和炎帝之间的战争是规模最大的一次。记录炎黄之战的古籍很多，我们选择了流传较广的两个版本。

正文中第一段选自贾谊的《新书》，第二段选自列子的《列子·黄帝篇》。

原文诵读

yán dì zhě huáng dì tóng mǔ yì fù xiōng dì
炎帝者，黄帝同母异父兄弟

yě gè yǒu tiān xià zhī bàn huáng dì xíng dào ér
也，各有天下之半。黄帝行道[1]而

yán dì bù tīng gù zhàn yú zhuō lù zhī yě
炎帝不听，故[2]战于涿鹿[3]之野，

xuè liú piāo chǔ
血流漂杵[4]。

注释

[1]行道：推行以仁义为核心的治国之道。

[2]故：因此。

[3]涿鹿：今河北涿鹿一带。

[4]杵：古代的一种类似狼牙棒的兵器。

huáng dì yǔ yán dì zhàn yú bǎn quán zhī
黄帝与炎帝战于阪泉[5]之

yě shuài xióng pí láng bào chū hǔ
野，帅熊、罴、狼、豹、貙[6]、虎

wéi qián qū yǐ diāo hé yīng yuān wéi
为前驱，以雕、鹖[7]、鹰、鸢[8]为

qí zhì sān zhàn rán hòu dé xíng qí zhì
旗帜。三战然后得行其志[9]。

[5] 阪泉：即涿鹿一带。

[6] 貙：一种比虎略小的猛兽。

[7] 鹖：一种雉类的鸟。

[8] 鸢：老鹰的一种。

[9] 得行其志：达到自己的目的。

趣读古文

人类始祖之战

世界历史的发展有一个共同点，那就是朝代更替基本上都是通过武力征服实现的，除了中国尧、舜时期实行禅让制外，古今中外概莫能外。

黄帝和炎帝都是华夏的人文始祖，对他们之间的关系，众说纷纭。春秋时期，就有典籍说黄帝和炎帝是兄弟。西汉时期，大学者贾谊更是直接点明，黄帝和炎帝是同母异父的兄弟。

炎帝者，黄帝同母异父兄弟也，各有天下之半。 炎帝是黄帝同母异父的亲兄弟，黄帝是中央的天帝，炎帝是南方的天帝，兄弟俩各占有天下的一半。

炎帝和黄帝的爸爸妈妈都是谁呀？

关于他们父母是谁，有不同的说法。春秋时期的《国语》记载，少典娶于有蟜氏，生了黄帝和炎帝，他们分据两条河流而居，黄帝在姬水，炎帝在姜水。贾谊大概是按照《国语》里的说法来阐释的。

黄帝和炎帝都是部落首领。因为他俩是兄弟，这场大战就有点“兄弟阋墙”的味道了。

黄帝行道而炎帝不听， 黄帝推行仁义之道，但炎帝不肯服从。黄帝就要教训教训弟弟。**故战于涿鹿之野，** 因此，两人带领各自的军队在涿鹿原野上展开了一场大战。他们之间的战争，激烈又残酷。有多残酷呢？文中用了四个字来形容，**血流漂杵。** 杵是古代的一种兵器，样子有点像狼牙棒。战场上血流成河，把沉重的兵器杵都漂了起来。

贾谊并没有描述太多战争场面。而列子在《列子·黄帝篇》中比较生动地描述了炎黄大战。

黄帝与炎帝战于阪泉之野， 黄帝和炎帝在阪泉的原野上打仗。阪泉，有学者认为是在涿鹿一带。

这次战争，参战的不仅有人，还有猛兽和猛禽。**帅熊、罴、狼、豹、貙、虎为前驱，** 黄帝指挥着熊、罴、狼、豹、貙、虎等猛兽打前锋，**以雕、鹖、鹰、鸢为旗帜。** 以雕、鹖、鹰、鸢等猛禽为旗帜。这是用力量役使禽兽的例子。

从这些记载来看，中国古代，动物的种类是很丰富的。

三战然后得行其志。 三战不是三次战争。在文言文中，“三”常指多。三战可以理解为多次战争。经过多次战争，黄帝部落战胜了炎帝部落，黄帝达到了他的目的。

轩辕黄帝像

从这篇文章看，这个炎帝咋一点都不像那个尝百草、救苍生的圣人“神农氏”呢？你的怀疑不无道理。实际上，关于炎帝的身份一直都有争议，感兴趣的可以找来史料研究，也许有重大发现哦。

翻译填空

炎帝是黄帝同母异父的（　　　），同黄帝各自占有天下的一半。黄帝推行（　　　）之道，炎帝不肯（　　　）。因此，两人在涿鹿原野上展开了一场（　　　）。战争酷烈无比，死伤者血流成河，连（　　　）都漂浮起来。

黄帝和炎帝在阪泉的原野上打仗，黄帝指挥着熊、罴、狼、豹、貙、虎等猛兽（　　　），以雕、鹖、鹰、鸢等猛禽为（　　　）。经过多次战争，黄帝战胜炎帝，达到了他的目的。

参考答案：兄弟、仁义、服从、大战、兵器杵、打前锋、旗帜

写作一点通

如何写好场面——点面结合

炎黄之战大概是世界上发生较早、规模较大的战争了。如何描写“大场面”？这篇文章中“点面结合”的方式可供借鉴。

场面描写就是对特定时间、地点内许多人物活动的总体情况的描写。从视觉上看，“面”就像电影中的远镜头，“点”就像特写镜头。点面结合既呈现出了大场面，又凸显了重要人物。

- 如何写好场面
  - 要交代清楚场面的背景
    - 炎帝黄帝争天下
  - 点面结合
    - 面：战于涿鹿之野；战于阪泉之野
    - 点：血流漂杵；熊、罴、狼、豹、貙、虎为前驱，雕、鹖、鹰、鸢为旗帜

思考探究

1. 炎黄之战的原因是什么？
2. 这场战争对于后世有着怎样的影响？

日积月累

什么是杵

杵和臼都是古代使用的捣谷工具。杵是棒的一种，因其两端粗，中间细，故此得名。手握中间，用两端粗的部分打击敌人。兵器的打击力与自身的重量有关，越重，打击力越大。所以，杵的两端常常做得又粗又重。杵是古代战场上重要的兵器，类似于后世的“狼牙棒”。

09 黄帝大战蚩尤

古籍出处

《山海经·大荒北经》

阅读背景

《山海经》成书于战国时期至汉代初期，与《易经》《黄帝内经》并称为上古三大奇书。

《山海经》包含着关于上古地理、历史、神话、天文、动物、植物、医学、宗教以及人类学、民族学、海洋学和科技史等方面的诸多内容，是一部上古社会生活的百科全书。

原文诵读

chī yóu zuò bīng fá huáng dì
蚩尤① 作兵伐② 黄帝③，

huáng dì nǎi lìng yìng lóng gōng zhī jì zhōu
黄帝乃令应龙④ 攻之冀州⑤

zhī yě yìng lóng xù shuǐ chī yóu qǐng fēng bó yǔ
之野。应龙蓄水。蚩尤请风伯雨

shī zòng dà fēng yǔ
师⑥，纵大风雨。

注释

①③蚩尤、黄帝是同时代的部落首领。

②伐：讨伐，攻打。

④应龙：古代传说中兴云布雨的神。

⑤冀州：古九州之一。

⑥风伯雨师：掌管风和雨的神。

huáng dì nǎi xià tiān nǚ yuē bá　yǔ zhǐ
黄帝乃下天女曰魃⑦，雨止，

suì shā chī yóu
遂杀蚩尤。

⑦魃：掌管干旱的神。

趣读古文

上古第一大战

黄帝部落、炎帝部落和九黎部落是上古最为强大的三个部落。最早的历史争霸战从他们开始。黄帝先发制人，突袭炎帝部落，经过多次战争，终于击败了炎帝部落。黄帝部落和炎帝部落融合到一起。之后，黄帝部落乘胜追击，一直挺进到九黎部落，蚩尤是九黎部落的首领。于是，黄帝和蚩尤之间，展开了一次大战。

蚩尤作兵伐黄帝， 黄帝要征讨九黎部落，部落首领蚩尤发动军队攻打黄帝。蚩尤是传说中制造兵器的人，据《述异记》记载，蚩尤的耳鬓像剑戟一样，头上长有角。古书中蚩尤的画像就是头长双角，双手拿着兵器的形象。据说蚩尤善于使用刀、斧、戈作战，勇猛无比。

蚩尤擅使兵器，又能够呼风唤雨，黄帝一时难以招架，就得搬救兵，**黄帝乃令应龙攻之冀州之野。** 黄帝于是命令应龙在冀州的郊野对蚩尤展开攻击。

这里的冀州是古代九州之首，大致范围包括今天的河北省、山西省、北京及天津等地的部分区域。河北省的简称就是冀。

黄帝为什么搬来应龙呢？传说，应龙原名应时之龙、应德之龙，是古代神话中一种有翼的创世龙神，和蛟龙、虬龙、螭龙并称上古四大神龙。传说它还曾是女娲的座驾。《山海经》里记载，应龙不仅杀了蚩尤，还杀了夸父，它到什么地方，什么地方就多雨。看来，应龙能够掌控雨水。**应龙蓄水，**　蚩尤不是擅长呼风唤雨吗？那黄帝就让应龙把水都蓄起来。可是，蚩尤也绝不是省油的灯。**蚩尤请风伯雨师，纵大风雨。**　蚩尤请来风伯和雨师，让他们刮起大风、下起大雨，打破了应龙的封锁，应龙蓄的水倾泻而下。第一回合，黄帝一方处于下风。

接下来，黄帝又发起第二回合的争斗。**黄帝乃下天女曰魃，**　于是黄帝请来一个叫魃的天女，传说魃是黄帝之女，又称女魃。女魃是中国古代神话传说中的旱神，她所到的地方，天不下雨，赤地千里。可以说，女魃是控制天水的终极大神！**雨止，遂杀蚩尤。**　女魃一来，雨果然就停了，于是，黄帝就杀掉了蚩尤。

翻译填空

蚩尤发动军队（　　　）黄帝，黄帝于是命令应龙在冀州的（　　　）和他展开对攻。应龙蓄水想消灭蚩尤。没想到蚩尤请来（　　　）（　　　），让他们刮起大风、下起大雨。黄帝于是请来一个叫魃的天女，雨就停了。于是，黄帝就（　　　）了蚩尤。

参考答案：攻打、郊野、风伯、雨师、杀掉

思考探究

1. 黄帝为什么要攻打蚩尤？

2. 你了解的蚩尤是怎样的？请说一说。

日积月累

涿鹿之战

涿鹿之战是一场史前战争，在《史记》中有记载，是距今大约4600年，黄帝部族联合炎帝部族，在涿鹿与蚩尤进行的一场大战。战争的目的是双方争夺适于放牧和浅耕的中原地带。涿鹿之战对于古代华夏族由远古时代向文明时代的转变产生过重大的影响。

10 夸父逐日

古籍出处

《山海经·海外北经》

阅读背景

《山海经》不仅是一部描述山川、物产、风俗、民情的大型地理著作，也是保存神话资料最多的一部古书，其中的神话传说包括夸父追日、刑天舞干戚、精卫填海等。《山海经》被称为“上古地理方志，中华志怪之祖”。

原文诵读

kuā fù yǔ rì zhú zǒu rù rì kě
夸父与日逐[1]走[2]，入日[3]。渴

yù dé yǐn yǐn yú hé wèi hé wèi bù zú
欲得饮，饮于河渭[4]，河渭不足，

běi yǐn dà zé wèi zhì dào kě ér sǐ
北[5]饮大泽[6]。未至，道渴而死。

qì qí zhàng huà wéi dèng lín
弃其杖，化为邓林[7]。

注释

1. 逐：竞争，追逐。
2. 走：跑。
3. 入日：追赶到太阳落下的地方。
4. 河渭：即黄河和渭水。
5. 北：向北方。
6. 大泽：大湖。
7. 邓林：即桃林。

趣读古文

与太阳抗争的英雄

夸父是谁？据《山海经·海外北经》的记载，他是博父国（也有人说是夸父国）的首领，长得非常高大，右手握着青蛇，左手握着黄蛇。你可以把他想象成一个力大无穷的巨人。

夸父与日逐走， “走”在古文的意思为跑，“逐走”在此处可理解为追着太阳跑。可夸父为什么要追逐太阳呢？

就算夸父是个巨人，也无法追上太阳啊，他为什么还要追呢？

有一种观点认为，原始部落生存艰难，人类不仅面临天灾的威胁，还面临着随时被野兽吃掉的危险。太阳象征着光明和温暖，而黑夜充满危险与死亡，所以要留住太阳。

入日。 夸父追赶到太阳落下的地方，眼看离太阳越来越近了。

渴欲得饮， 他感到口渴，想要喝水。这个情节来源于生活常识，太阳就像一个大火球，离得越近，就感到越热，就越加口渴。**饮于河渭，** 夸父去黄河和渭水喝水。

在古文里，河不是河流的总称，而是专指黄河。其他河流多称为“水”，比如渭水、淮水、洛水等。

河渭不足，北饮大泽。 黄河和渭水的水都不够喝，于是，夸父向北方去喝大湖的水。由此可以想象，夸父得有多渴。另一方面，也可能是因为黄河里的水快被太阳烤干了，所以才不够喝。

可是去北方大泽的路途太遥远，**未至，道渴而死。** 还没有到达，夸父就在半路上渴死了。如果夸父就这么死了，那么这个故事就会很平淡。**弃其杖，化为邓林。** 执着的夸父在死前扔出了他的手杖，手杖落地生根发芽，长成了一片茂密的桃林。这片桃林可以护佑着他的族人。这样的结尾给夸父之死增添了悲壮和浪漫的色彩。

为什么手杖化为了桃林，而不是苹果林或者葡萄林呢？

我们现有的水果，大部分都是在不同时期进口来的。葡萄是汉代张骞出使西域带回来的，苹果是清代中期从欧洲传过来的，而桃树，是中国最古老的果树之一。因此“化为邓林”更加合理。

也有观点认为，夸父追的不是太阳，而是日影。他随身携带的“杖”，可能是一根测量日影的测量杖。还有一种观点认为，夸父逐日记载了一场灾难，并猜测当时因为天体冲撞给自然环境带来了一场大劫难，人们遇到了极夜和干旱。因为黄河干涸了，所以夸父要去北方的大泽喝水；因为太阳要消失了，所以夸父要去追逐它。

当然，你可以尽情地展开想象，给夸父逐日一个合理的解释。

翻译填空

夸父与太阳（　　　），一直追赶到太阳落下的地方。他感到口渴，（　　　）喝水，就到（　　　）、（　　　）喝水。黄河、渭水的水不够喝，夸父就去北方喝（　　　）的水。还没赶到大湖，就在半路上渴死了。临死前，夸父扔出了他的手杖，手杖化成了（　　　）。

参考答案：竞跑、想要、黄河、渭水、大湖、桃林

写作一点通

怎么做到想象的丰富和合理

想象源于生活。孩子们想怎么写，就放手让他们怎么写。但是，孩子的想象力虽天马行空，却常常忽略了叙述的逻辑性。尽管《夸父逐日》是一篇神话，真实性无法考证，但我们依然会觉得整个故事是合理的。故事里的情节与我们日常“跑得快容易渴”“太阳越晒越容易渴”这些常识相吻合。而结尾处“弃其杖，化为邓林”则带有浓厚的浪漫主义色彩，这种浪漫的结尾使前文中夸父“追日而亡”的形象更加温和，从而塑造出一个坚持、执着、具有奉献精神的夸父形象。

这篇神话在叙事上的逻辑性可供孩子们在写作时借鉴。

思考探究

1. 夸父是一位怎样的人物？
2. 若夸父没有渴死在半路上，他最终能追上太阳吗？说说理由。

日积月累

古文中，没有“跑”这个词，“走”的意思就是跑，比如成语“不胫而走”（没有腿却能跑，形容传播迅速）和“走马观花”（骑在奔跑的马上看花，比喻观察事物不深入）。

古文中表示走的词是“行”，比如“行百里者半九十”；

表示慢走的词是“步”，比如成语“亦步亦趋”；

表示快走的词是“趋”，比如“趋之若鹜”。

11 刑天舞干戚

古籍出处

《山海经·海外西经》

阅读背景

著名的神话学家袁珂认为，刑天是炎帝的臣子；刑天的神话，是黄帝和炎帝斗争神话的一部分。这篇神话故事颂扬了刑天斗志昂扬、虽死不悔的精神。

原文诵读

xíng tiān yǔ dì zhēng shén, dì duàn qí shǒu, zàng zhī cháng yáng zhī shān, nǎi yǐ rǔ wéi mù, yǐ qí wéi kǒu, cāo gān qī yǐ wǔ.

刑天①与帝②争神，帝断其③首，葬之常羊之山④，乃⑤以乳为目，以脐为口，操⑥干戚⑦以舞。

注释

①刑天：传说中的一个部落首领。

②帝：多认为是黄帝。

③其：代词，指刑天。

④常羊之山：中国古代传说中的名山之一，传说中，炎帝就降生在这里。

⑤乃：于是。

⑥操：手持，拿着。

⑦干戚：盾牌和斧子。

趣读古文

神界第一猛人

刑天是谁？

不是铠甲勇士吗？

现在的游戏、动漫总喜欢用神话人物的名字，真是害人不浅！

传说，刑天原来是炎帝的臣子。在黄帝和炎帝的战争中，炎帝一方战败了。但是刑天却并不服气，仍然充满了斗志。

刑天与帝争神， 刑天和黄帝争夺神的位置。在打斗中，黄帝渐渐占了上风，窥到刑天的破绽，“咔嚓”一下，**帝断其首，** 黄帝砍掉了刑天的头颅。

可战斗没有结束，被砍去头的刑天没有死，而是焦急地四处摸自己的脑袋，企图把它找来再安回脖子上去。黄帝心想，如果让刑天摸到了脑袋，还不得再大战三百回合？到时候，谁输谁赢还不一定呢。于是，他先一步寻到刑天的头颅，**葬之常羊之山，** 把刑天的头埋到了常羊山下。

这下，战斗总该结束了吧。

并没有。

即使被砍去了头颅，甚至可能再也找不回头颅，刑天也仍未屈服。他化悲愤为力量，**乃以乳为目，以脐为口，** 就把乳头当作眼睛，把肚脐当作嘴巴，继续战斗。

这都可以？

在上古神话中，经常出现因为喜怒、冤屈、愤恨等情绪，神仙换一种样貌再生的情况。

操干戚以舞。 刑天左手挥舞着盾牌，右手拿着锋利的斧子，继续战斗。这种刚毅不屈的精神一直影响至今，连晋代的陶渊明都曾作诗评价："刑天舞干戚，猛志固常在。"

刑天，真不愧为中国神话界的第一"猛人"！

翻译填空

刑天和黄帝争夺神的位置，黄帝砍断了（　　　）的头，把（　　　）埋葬在常羊山下。于是他用（　　　）当作眼睛，用（　　　）当作嘴巴，拿着（　　　）挥舞着，继续战斗。

参考答案：刑天、他的头、乳头、肚脐眼、盾牌和斧头

写作一点通

如何让想象力更新颖

想象是创造性的思维活动，即使是再现想象，也不可能百分之百地照搬生活，必须有改动和取舍。改动、取舍就是创造性的体现。

- 如何让想象力更新颖
  - 情节上有构思
    - 起因：被砍头（帝断其首）
    - 经过：葬之常羊之山
    - 结果：复活（以乳为目，以脐为口）
  - 细节上要“精”
    - 神态：用乳头当眼睛；用肚脐当嘴巴
    - 动作：挥舞盾牌和斧头
  - 善用修辞
    - 比喻：把乳头比作眼睛，把肚脐比作嘴巴

思考探究

1. 刑天与黄帝打斗的场面让你想起了哪些成语？请说一说。
2. 你认为刑天身上体现了什么样的精神？

日积月累

《读山海经》

［晋］陶渊明

精卫衔微木，将以填沧海。
刑天舞干戚，猛志固常在。
同物既无虑，化去不复悔。
徒设在昔心，良辰讵可待。

12 共工怒触不周山

古籍出处

西汉·刘安《淮南子·天文训》

阅读背景

《淮南子》是西汉淮南王刘安及其门客编著的一部综合性论说著作，大学者胡适认为它是集道家之大成的经典著作。我们熟悉的“后羿射日”“嫦娥奔月”“女娲补天”“塞翁失马”等故事都出自此书。

原文诵读

xī zhě
昔者[1]，

gòng gōng yǔ zhuān xū zhēng wéi dì
共工[2]与颛顼[3]争为帝，

nù ér chù bù zhōu zhī shān
怒而触[4]不周之山[5]，

tiān zhù zhé dì wéi jué
天柱折，地维绝[6]。

注释

1. 昔者：从前。
2. 共工：传说中的部落领袖，炎帝的后裔。
3. 颛顼：传说中的五帝之一，黄帝的后裔。
4. 触：碰、撞。
5. 不周之山：山名，传说在昆仑西北。
6. 地维绝：挂着大地的绳子断了。维，绳子；绝，断。

tiān qīng　xī běi
天倾⑦西北，

gù rì yuè xīng chén yí yān
故日月星辰移焉⑧；

dì bù mǎn dōng nán
地不满东南，

gù shuǐ lǎo　chén āi　guī　yān
故水潦⑨尘埃⑩归⑪焉。

⑦倾：倾斜。

⑧焉：兼词，相当于“于此”，文中译为“这里”。

⑨水潦：泛指江湖流水。潦，积水。

⑩尘埃：这里指泥沙。

⑪归：汇集。

趣读古文

神仙一生气，后果很严重

共工的身份颇有争议，《山海经·海内经》记载，共工是炎帝的后人，祝融的儿子；《左传》记载，共工是水神；《史记》记载，共工和祝融大战，败，气得撞倒了不周山……今天我们选择的是《淮南子·天文训》记载的版本。

昔者，　很早以前，有一个叫共工的神，据说是炎帝的后人。颛顼是黄帝的孙子，他俩打了起来，原因是**共工与颛顼争为帝。**

是争做皇帝吗？

“皇帝”这个词来源于秦始皇，他是中国历史上第一位皇帝。远古时期的“皇”和“帝”可理解为部落的首领。

在炎帝和黄帝的战争中，炎帝一方战败，但炎帝的部下和后人却多不甘心，一到重要时刻，就要争一争。为争做首领而战，就不足为奇了。本文对共工和颛顼打架的过程没有着墨太多，但是从下文他们打架造成的严重后果来看，我们可以想象他们打架的过程一定非常激烈。**怒而触不周之山，** 在打斗中，共工一气之下，撞向了昆仑西北的不周山。

中国传统神话认为，昆仑山是中国的圣山，很多神仙都住在那儿，最著名的要数西王母了。

据说，这不周山是顶着天的柱子，共工为神，力大无穷。这么一撞，**天柱折，地维绝。** 顶天的柱子折了，系着大地的绳子断了。

古人认为，天圆地方，地上有8根柱子顶着苍穹，使天不塌下；有4条大绳子系着地的四角，使大地稳固。

作为天柱的不周山在西北方，天柱一折，**天倾西北，故日月星辰移焉；** 天就一下子往西北方向倾斜了，所以，日月星辰都不由自主地往西北方移去。**地不满东南，故水潦尘埃归焉。** 而大地，因为东南部塌陷，所以，水和泥沙，都不由自主地向东南方向流去。直到今天，仍然如此。

我们知道，日月东升西落是由地球自转造成的，碧水东流是由西高东低的地势造成的。但在遥远的古代，人民用神话“合理”地解释了这些自然现象，令人叹服。

翻译填空

（　　　），共工与颛顼争夺部落天帝之位，（共工在大战中惨败）愤怒地撞击不周山，支撑天的（　　　）折了，系着大地的（　　　）断了。天向（　　　）方向倾斜，所以日月、星辰都向西北方向移动了；大地的（　　　）角塌陷了，所以（　　　）都朝东南方向流去。

参考答案：从前、柱子、绳子、西北、东南、水和泥沙

思考探究

1. 在这场对决中，你认为共工是胜利者还是失败者，为什么？

2. 共工怒触不周山后，发生了什么？用自己的话描述一下。

日积月累

三皇五帝

三皇五帝是“三皇”与“五帝”的合称。

“三皇”是哪三皇，“五帝”是哪五帝，历来有不同的说法，流传较广的是——

三皇：

燧人、伏羲、神农。（《尚书大传》）

伏羲、女娲、神农。（《春秋运斗枢》）

五帝：

太昊、炎帝、黄帝、少昊、颛顼。（《吕氏春秋》）

黄帝、颛顼、帝喾、尧、舜。（《大戴礼记》）

第3单元

神话故事与民间传说

——救世与抗争

⑬ 女娲补天——谁家的孩子谁心疼

⑭ 后羿射日——中华第一神射手

⑮ 舜耕历山——上古圣人的传奇事迹

⑯ 大禹治水——三过家门而不入的劳动模范

⑰ 精卫填海——锲而不舍，海能填平

⑱ 愚公移山（节选）——知难而进的中国精神

⑲ 鲲鹏展翅——你听说过鱼变鸟吗

⑳ 嫦娥奔月——嫦娥是怎么上天的

㉑ 牛郎织女——牛郎和织女是怎么走到一起的

13 女娲补天

古籍出处

西汉·刘安《淮南子·览冥训》

阅读背景

秦汉以前，“女娲补天”和“共工怒触不周山”还是两个独立的故事，秦汉以后，人们渐渐地把这两个故事联系在了一起，认为是共工撞倒了不周山，造成了天塌，之后才有了女娲补天的故事。

原文诵读

往古之时，四极废[1]，九州[2]裂，天不兼[3]覆，地不周[4]载，火爁焱[5]而不灭，水浩洋[6]而不息[7]，猛兽食颛民[8]，鸷鸟[9]攫[10]老弱。

wǎng gǔ zhī shí，sì jí fèi，jiǔ zhōu liè，tiān bù jiān fù，dì bù zhōu zài，huǒ làn yàn ér bú miè，shuǐ hào yáng ér bù xī，měng shòu shí zhuān mín，zhì niǎo jué lǎo ruò。

注释

1. 四极废：支撑天的四根柱子断了。
2. 九州：古代中国划分的九个地区。
3. 4. 兼、周：全部。
5. 爁焱：火势蔓延。
6. 浩洋：水势盛大。
7. 息：停止。
8. 颛民：善良的百姓。
9. 鸷鸟：凶猛的鸟。
10. 攫：抓取。

yú shì nǚ wā liàn wǔ sè shí yǐ bǔ
于是女娲炼五色石以⑪补

cāng tiān duàn áo zú yǐ lì sì jí shā
苍天，断鳌⑫足以立四极，杀

hēi lóng yǐ jì jì zhōu jī lú huī yǐ zhǐ
黑龙⑬以济⑭冀州，积芦灰以止

yín shuǐ cāng tiān bǔ sì jí zhèng yín
淫水⑮。苍天补，四极正，淫

shuǐ hé jì zhōu píng jiǎo chóng sǐ zhuān
水涸⑯，冀州平，狡虫⑰死，颛

mínshēng
民生。

⑪以：连词，相当于“用来”。后同。

⑫鳌：海里的大龟。

⑬黑龙：水怪，杀之可以止水。

⑭济：帮助

⑮淫水：洪水。

⑯涸：水干枯。

⑰狡虫：凶猛的野兽。

趣读古文

谁家的孩子谁心疼

往古之时，四极废，九州裂，　很久很久以前，支撑天的四根立柱折断了，大地裂开了。九州在这里泛指大地。

天不兼覆，地不周载，　天塌了一部分，不能完全覆盖大地；大地塌陷了一部分，不能完全承载万物。这里的“载”是承受、承载的意思。“水能载舟，亦能覆舟”用的就是这个意义。

看来“杞人忧天”也不是完全没有道理的嘛。

火爁焱而不灭，水浩洋而不息，　熊熊烈火燃烧着大地，火势凶猛，很久都不熄灭。地上洪水滔天，浩渺无边，很久都不消退。即使文明发展到现在，遭遇火灾和洪水后，仍然有很多百姓家破人亡、流离失所，远古时候的百姓们只会更悲惨。

猛兽食颛民，鸷鸟攫老弱。 猛兽肆无忌惮地吃人，凶猛的鸟类在天空中逡巡，伸出利爪，抓走老弱病残。

在天灾面前，人类既弱小，又无助，谁能把他们从水深火热中解救出来呢？这时，女娲出现了。毕竟，传说中人是女娲造出来的，谁家的孩子谁心疼。

于是女娲炼五色石以补苍天， 女娲找来五种颜色的石头，把它们炼化成浓稠的液体，涂在苍天破了的洞上。

怪不得我看天空的云霞都是五颜六色的，原来是女娲补天的结果啊。

你的想象力很丰富……

断鳌足以立四极， 女娲折断鳌的四足，把天支撑起来。

这鳌得有多大啊？

有人说它是在海里生活了千年的神龟；也有人说，它是龙的大儿子，所以，它一定是非常大的。

杀黑龙以济冀州， 女娲把危害人类的黑龙杀掉，冀州就太平了，实际上是九州就太平了。在这里，冀州代指九州。

为什么用冀州代指九州，而不是豫州、徐州、荆州呢？

因为九州中，冀州排在首位，可以理解为它是“州老大”。所以，冀州可代指九州。

积芦灰以止淫水。 女娲把芦苇烧成的灰堆积起来，止住了泛滥的洪水。我们也可以猜想，那个时候，大地上一定生长着很多芦苇。

邮票中的女娲补天图

为什么是芦灰而不是土呢？

二者相比，草木灰的吸水性更好。

苍天补，四极正，淫水涸，冀州平，狡虫死，颛民生。　苍天得以修补，支撑天的四根柱子又重新竖立了起来；洪水退去，大地上又恢复了太平；凶恶的野兽死去，善良的百姓生存下来。灾难造成的天塌地陷，水火蔓延，猛兽食人，都一一解除，老百姓终于能安居乐业，繁衍生息了。这一切，要归功于我们伟大的“母亲”——女娲娘娘。

翻译填空

上古的时候，支撑天的四根立柱折断了，大地塌陷，天不能把大地全都（　　　），地不能把万物完全（　　　），火势（　　　）而不熄灭，洪水（　　　）而不消退，猛兽吞食（　　　），凶猛的鸟用爪抓取老弱。

于是女娲熔炼五色石以补青天，折断鳌的四肢把天支撑起来，杀黑龙来拯救冀州，收集芦苇的灰止住了（　　　）。苍天得以修补，四柱得以直立，洪水退去，天下太平，强壮凶猛的（　　　）死去，善良的百姓生存下来。

参考答案：覆盖、承载、猛烈、泛滥、善良的百姓、洪水、野兽

写作一点通

写作有顺序，条理更清晰

这篇文章是一篇记叙文，乍一看较长，若细细读来，会发现朗朗上口，内容也并不难。这主要因为文章书写有顺序，条理清晰。记叙文的顺序主要有顺叙、倒叙、插叙三种。这篇文章为顺叙。

- 顺叙
  - 起因 — 天塌地陷，禽兽肆虐，民不聊生
  - 经过 — 女娲炼五色石以补苍天
  - 结果 — 苍天补好，百姓安居乐业

思考探究

1. 女娲为什么要修补苍天？
2. 补完苍天后的女娲会做些什么？

日积月累

与“天”有关的几个成语

【女娲补天】女娲炼五色石补天。形容改造天地的雄伟气魄和大无畏的斗争精神。

【杞人忧天】一个杞国人担心天要塌下来。比喻完全不必要或没有根据的忧虑。

【天崩地裂】比喻重大的事变。

14 后羿射日

古籍出处

西汉·刘安《淮南子·本经训》

阅读背景

后羿射日是我们熟知的古代神话之一。后羿就是下文中的“羿”，他是太阳神帝俊的臣子，嫦娥（姮娥）的丈夫。他是一个神射手。先秦就有关于羿射日的记载了，但是内容比较零碎。《淮南子》对羿射日的故事进行了整合，丰富了人物和情节，使后羿射日的故事广泛流传。

原文诵读

逮至[1]尧之时，十日并[2]出，焦禾稼，杀草木，而民无所食。猰貐[3]、凿齿[4]、九婴[5]、大风[6]、封豨[7]、修蛇[8]，皆为民害。尧乃使羿诛[9]凿齿于畴

（dài zhì yáo zhī shí，shí rì bìng chū，jiāo hé jià，shā cǎo mù，ér mín wú suǒ shí。yà yǔ、záo chǐ、jiǔ yīng、dà fēng、fēng xī、xiū shé，jiē wéi mín hài。yáo nǎi shǐ yì zhū záo chǐ yú chóu）

注释

①逮至：及，到。

②并：一同，一齐。

③④⑤⑥⑦⑧猰貐、凿齿、九婴、大风、封豨、修蛇：怪兽名。猰貐叫声似婴儿啼哭；凿齿齿长三尺，其状如凿；九婴长着九个脑袋，害人；大风是一种极凶猛的大鸟，飞过后能坏人房屋；封豨长得像大野猪；修蛇是长长的大蟒蛇。

⑨诛：杀。

huá zhī yě shā jiǔ yīng yú xiōng shuǐ zhī
华[10]之野，杀九婴于凶水[11]之

shàng zhuó dà fēng yú qīng qiū zhī zé shàng
上，缴[12]大风于青丘[13]之泽，上

shè shí rì ér xià shā yà yǔ zhǎn xiū shé yú
射十日而下杀猰貐，斩修蛇于

dòng tíng qín fēng xī yú sāng lín wàn mín
洞庭[14]，擒封豨于桑林。万民

jiē xǐ zhì yáo yǐ wéi tiān zǐ
皆喜，置[15]尧以为天子。

[10] 畴华：传说中的南方泽名。

[11] 凶水：水名，据说在北方。

[12] 缴：系在箭上的生丝绳。此处用作动词，指用系着丝绳的箭来射鸟。

[13] 青丘：传说中位于东方的大泽。

[14] 洞庭：南方泽名，即今之洞庭湖一带。

[15] 置：推举。

趣读古文

中华第一神射手

逮至尧之时，　到了尧统治的时候。尧就是五帝之一——尧帝，是上古时期贤明的君王，后来他把帝位让给了舜，并开创了“禅让”的王位继承制度。

什么是禅让？

简单来说，就是选取有能力的人，把王位传给他。

那时候，十日并出，　天上一下子出来十个太阳。流传较广的故事是：这十个太阳都是天帝的儿子，他们要轮流值班。按照规定，每天只能出来一个太阳。但是有一天，天帝的十个儿子贪玩，就一起跑了出来。这下可有大麻烦了。

啥？玉皇大帝的儿子是太阳？

这里的天帝指帝俊，是东方的太阳神，跟《西游记》里那个玉皇大帝没啥关系。

焦禾稼，杀草木，而民无所食。 太阳们烤焦了庄稼，烤死了花草树木，老百姓没有了吃的。如果他们侥幸没被烤死、饿死，也面临着**猰貐、凿齿、九婴、大风、封豨、修蛇** 等凶兽的威胁，它们**皆为民害。** 生灵涂炭之下，**尧乃使羿诛凿齿于畴华之野，** 尧就派出后羿先到南方泽地荒野把这个叫“凿齿”的凶兽给杀了。凿齿，长着像凿子一样的牙齿，以捕食人类为生。在尧看来，凿齿是有罪的。诛其实就是杀的意思。

为什么不用“杀”呢？

古代汉语中，杀有罪的人叫诛。

接着，后羿又**杀九婴于凶水之上，** 九婴，据说是长着九个头的蛇，既能喷水，又能喷火，常年居住在一条叫凶水的大河里。因为十个太阳一起出来，凶水沸腾，它就跳上岸来祸害人。后羿与它恶战了一场，射掉了它的九个头才把它杀死。

缴大风于青丘之泽， 据《山海经》的描述，大风长着狗的身子，人的面孔，还有双翅，看到人就笑，行动时快得像风一样，一扇动翅膀就引起飓风。后羿在一个叫青丘的大湖边用带丝绳的箭射死了它。

上射十日而下杀猰貐， 后羿意识到，这么多凶兽横行，罪魁祸首是十个太阳啊！于是，他拉弓搭箭，嗖嗖嗖……接连射下了九个，留下了一个。毕竟，人们

后羿射日 东汉画像石

生存还要依靠太阳呢。接着，后羿又找到了猰貐这个妖怪。传说，猰貐是烛龙的儿子，原是个老实善良的天神，后被杀死。天帝用不死药复活了它，但没想到，猰貐复活后变成了一个性格凶残的怪物。天下异常，它也出来危害百姓，被正在除害的后羿杀死。

斩修蛇于洞庭，　《山海经》记载，修蛇，也叫巴蛇，体型巨大，能够吞下一整头象，故有成语“巴蛇吞象”。它长着青色的头、黑色的身子，以吃人和牲畜为生，居住在洞庭湖。后羿一箭射中了它，它带箭而逃，后羿追上来，把它斩为两段，它的尸体变成了一座山。传说，这就是巴陵的由来。

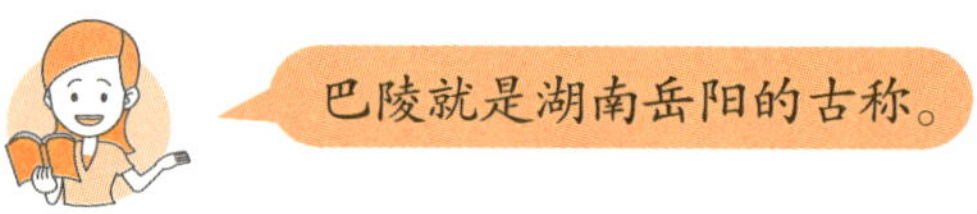

擒封豨于桑林。　豨是古代楚国等南方地区对猪的称呼。封豨，传说是一头体型巨大的野猪，掌管雨，被百姓供奉。因为十个太阳一起出来烤干了河水，封豨无法再降雨，遭到了百姓的埋怨。它愤怒地出来伤人。尧让后羿在桑林捉住了它。

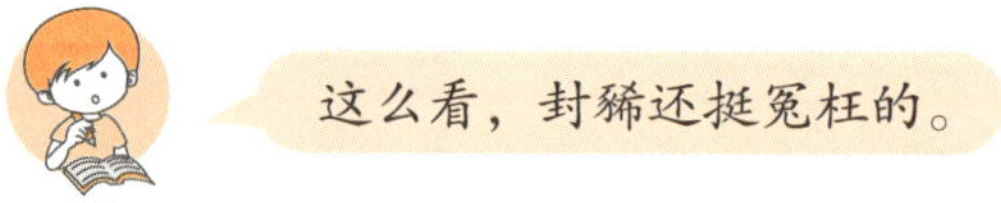

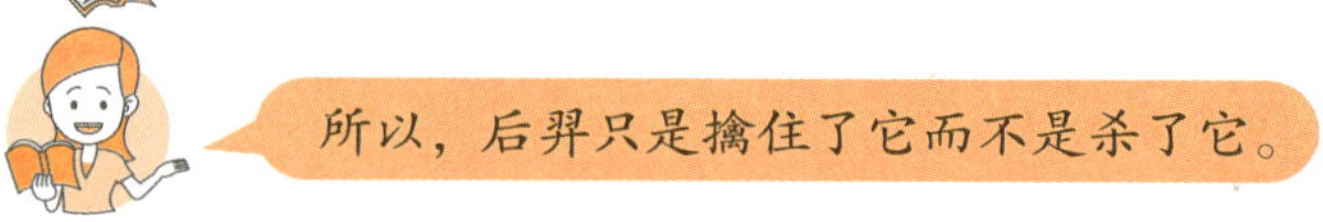

万民皆喜，置尧以为天子。　这些害人的凶兽被除掉后，老百姓都高兴极了，于是，推举尧为天子。

翻译填空

（　　）尧统治的时候，天上一下子出来十个太阳，烤焦了（　　），烤死了花草树木，老百姓连（　　）东西都没有。猰貐、凿齿、九婴、大风、封豨、修蛇等凶兽都跑出来祸害百姓。于是，尧派后羿去为民除害。后羿在南方泽地荒野杀死了凿齿，在北方的凶水杀了九婴，在东方的大泽青丘用（　　）射杀了大风，用箭接连射下了九个太阳，接着又杀死猰貐，在洞庭湖砍断修蛇，在中原一带的桑林（　　）封豨。后羿把那些灾害一一清除。民众都非常开心，就（　　）尧为天子。

参考答案：到了、庄稼、吃的、系着丝绳的箭、擒获、推举

写作一点通

细节描写趣味多——动作描写

动作描写是刻画人物的重要方法之一。人物的每一行动都是受其思想、性格制约的，因此，具体细致地描写某一人物在某一情况下所作出的反应——主要是动作反应，就能够显示出这一人物的内心活动、处世态度、思想品质。在刻画人物，叙述事情的时候，动作描写必不可少。

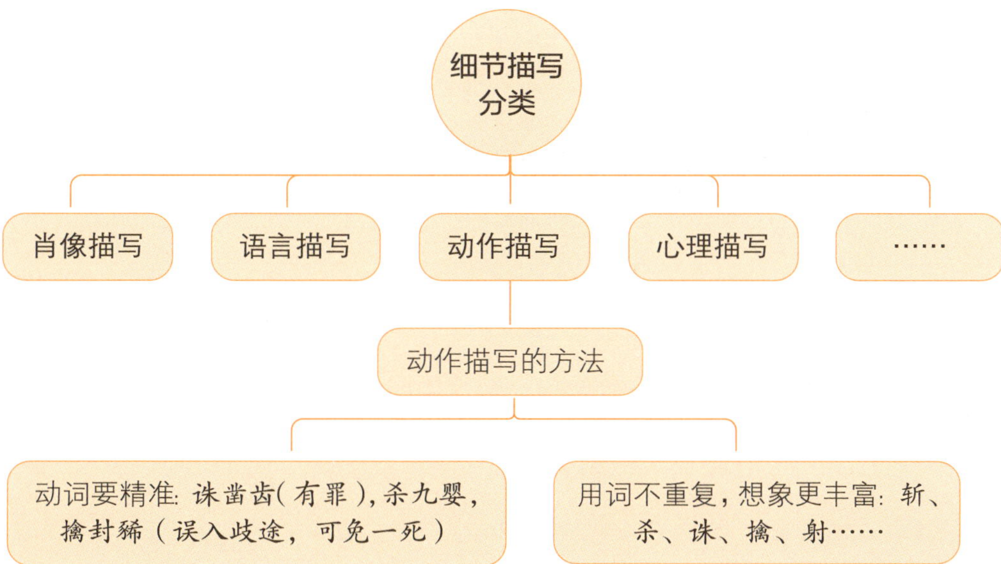

思考探究

1. 后羿是个怎样的人？从哪里看出来的？

2. 明明是后羿射杀了太阳，消灭了凶兽，为什么人们却推举尧为天子？说说你的看法。

日积月累

巴蛇吞象

源出《山海经·海内南经》，原文记载："巴蛇食象，三岁而出其骨。"意思是巴蛇把大象吞下去后，消化三年，才把象的骨头吐出来。巴蛇吞象也是一个成语，比喻贪心极大，不知满足。

15 舜耕历山

古籍出处

西汉·司马迁《史记·五帝本纪》

阅读背景

《史记》是汉代史学家、文学家司马迁撰写的纪传体史书，是中国历史上第一部纪传体通史，记载了黄帝时代到汉武帝太初四年间共3000多年的历史。《五帝本纪》列于《史记》首篇，记载的是远古传说中被后人尊为帝王的五个部落联盟首领——黄帝、颛顼、帝喾、尧、舜的事迹。

原文诵读

舜(shùn)①耕(gēng)历(lì)山(shān)②，历(lì)山(shān)之(zhī)人(rén)皆(jiē)让(ràng)畔(pàn)；渔(yú)雷(léi)泽(zé)③，雷(léi)泽(zé)之(zhī)人(rén)皆(jiē)让(ràng)居(jū)；陶(táo)河(hé)滨(bīn)④，河(hé)滨(bīn)器(qì)皆(jiē)不(bù)苦(kǔ)窳(yǔ)⑤。一(yì)年(nián)而(ér)所(suǒ)居(jū)成(chéng)聚(jù)，二(èr)年(nián)成(chéng)邑(yì)，三(sān)年(nián)

注释

①舜：中国上古三皇五帝中的五帝之一。

②耕历山：在历山耕作。

③渔雷泽：在雷泽捕鱼。

④陶河滨：在黄河边制作陶器。

⑤窳：粗劣，坏。

chéng dū　yáo nǎi cì shùn chī yī　yǔ qín　wèi
成　都。尧乃赐舜絺衣，与琴，为

zhù cāng lǐn　yǔ niú yáng
筑仓廪⑥，予牛羊。

⑥仓廪：储藏米谷之所。仓，谷藏曰仓；廪，米藏曰廪。

趣读古文

上古圣人的传奇事迹

舜，号有虞氏，又称虞舜，名重华。据说，他的每只眼睛都有两个瞳孔，后人认为这是帝王之相。舜二十岁时，就因为孝顺出了名。三十岁时，尧帝问谁可以治理天下，四方的诸侯首领全都推荐了舜。于是，尧把两个女儿嫁给了舜，来观察他的德行。

舜耕历山，历山之人皆让畔；　舜在历山耕作，历山的人都互相推让地界。古代中国以农业为本，百姓们多靠耕作才能生存下去。耕地，是他们赖以生存的最宝贵的资源。但耕地是有限的，肥沃的耕地更少，大家都想占有更多的、更肥沃的耕地，收获更多的粮食，于是，就会因为耕地的边界起争端。但舜在历山耕作的时候，这里的老百姓都能相互推让，没有因为耕地等发生争执的。这说明，舜不仅自己德行好，在他的带动下，百姓间也兴起了礼让的风尚。

畔，本义为田地的边界线，后来引申为江、湖、道路等的旁边。这里用的是本义，我们现在常见的词，如湖畔、河畔等，用的是引申义。

渔雷泽，雷泽之人皆让居；　舜在雷泽捕鱼，雷泽的人都推让捕鱼的好位置。捕鱼，是渔民赖以生存的主要方式。捕鱼位置的好坏决定着渔获的多寡。渔民争抢好位置的事也时有发生。但舜在雷泽捕

明·仇英《二十四孝图》中舜的形象

鱼时，这儿的渔民却相互推让，说明舜用德行感化了他们。

陶河滨，河滨器皆不苦窳。　舜在黄河岸边制作陶器，那里的陶器就完全没有次品了。制作陶器是一个技术活，舜不仅自己做得很好，还帮陶工们提高了技术，并教化他们不以次充好。

道德高尚，领导力强，上能教化百姓，下能耕种打鱼，就连制作陶器这样考验技术的工作，他都能很好地完成。舜太完美了，大家都迅速被他“圈粉”，舜走到哪儿，大家追到哪儿。

一年而所居成聚，　一年的时间，他住的地方就成为一个村落。**二年成邑，**　两年就成为一个小城镇。**三年成都。**　三年就变成大都市了。聚集人口，建起一座城并不容易，今天我们的各大城市仍用各种鼓励政策来吸纳人才、聚集人口，古时候的舜，用自身的人格魅力就兴建了一座城。

经过考察，舜的“德智体美劳”全优，尧帝非常高兴。**尧乃赐舜絺衣，与琴，为筑仓廪，予牛羊。**　于是，尧赐给舜一套细葛布衣服，给他一张琴，为他建造仓库，还赐给他牛和羊。絺衣，就是细葛布做的衣服，早在六千年前，古人就学会了从葛、麻等植物的皮中提取纤维制作衣料。

舜做了这么多事，就得到这么点赏赐吗？

这些东西，在上古时候可是非常珍贵的。以细葛布的衣服为例，古代，细葛布是非常名贵的布料，胜过绸缎，薄如蝉翼，做出来的衣服在夏天穿起来既凉爽又舒服。《韩非子 · 五蠹》里说，尧的穿戴也不过是“冬日麑裘，夏日葛布”。

翻译填空

舜在历山耕种，历山的人都互相礼让（　　　）；他在雷泽捕鱼，雷泽的人都互相礼让（　　　）；他在黄河之滨制陶，那里的陶器就没有（　　　）。一年以后，他居住的地方就聚集成了（　　　），两年后成了（　　　），三年后就成了一个（　　　）。尧得知后非常高兴，就赐予舜（　　　），给了他一把琴，为他修筑了仓房，还赐给他牛羊。

参考答案：田地的边界、好的打鱼之所、坏的、村落、小镇、都市、细葛布衣服

写作一点通

人物选材有方法

这篇小古文为了凸显舜的光辉形象，多角度选择材料，让人物更丰满。小学阶段就有关于人物的写作要求，这篇文章可以作为示范。

- 人物选材有方法
  - 优秀的品德 —— 宽厚待人，以身作则
  - 强大的行动力 —— 耕历山、渔雷泽、陶河滨
  - 号召力和领导力 —— 一年而所居成聚，二年成邑，三年成都

思考探究

1. 你认为舜是一个怎样的人？
2. 尧让位给舜的原因有哪些？

日积月累

都：周时，把有宗庙或先君神主的城叫都。都一般是大城市。

邑：最初是天子赐予诸侯的采邑，后泛化为诸侯分给卿士的采邑，即一座城及其附属的人、财、物。这篇文章中指城镇。

城：古代为防御而修建的墙。

郭：古代在城的外围加筑的一道城墙，也就是外城。“城”“郭”并称时，“城”指内城，“郭”指外城。

16 大禹治水

古籍出处

西汉·司马迁《史记·夏本纪》

阅读背景

大禹治水是中华大地上流传最广的神话故事之一。这个故事在不少文献中都有记载，记载较详细的是《史记·夏本纪》。禹因治水有功得到民众的爱戴，被尊称为大禹。舜将部落首领的尊位禅让给他。后来，禹建立了夏朝，后人也称他为夏禹。

原文诵读

yáo shùn shí，jiǔ hé bú zhì，hóng shuǐ fàn
尧舜时，九河[1]不治，洪水泛

làn。yáo yòng gǔn zhì shuǐ，gǔn yòng yōng dǔ
滥。尧用鲧[2]治水，鲧用雍堵[3]

zhī fǎ，jiǔ nián ér wú gōng。hòu shùn yòng yǔ
之法，九年而无功。后舜用禹

zhì shuǐ，yǔ kāi jiǔ zhōu，tōng jiǔ dào，bēi
治水，禹开[4]九州，通九道，陂[5]

jiǔ zé，duó jiǔ shān。shū tōng hé dào，yīn
九泽，度[6]九山。疏通河道，因

注释

1. 九河：禹时黄河的九条支流。泛指黄河水域。
2. 鲧：大禹的父亲。
3. 雍堵：堵塞。
4. 开：分划、规划。
5. 陂：斜坡，此指筑坝蓄水。
6. 度：勘测。

shì lì dǎo　shí sān nián zhōng kè　shuǐ huàn
势利导⑦，十三年终克⑧水患。

yì chéng yì bài　qí　zhì bù tóng yě
一成一败，其⑨治不同也。

⑦因势利导：顺着事物发展的趋势而加以引导。因，顺着。

⑧克：战胜。

⑨其：第三人称代词，相当于“他们的”。

趣读古文

三过家门而不入的劳动模范

尧舜时，九河不治，洪水泛滥。　尧和舜当部落首领的时候（在后世，尧和舜常常被当作帝王的榜样），大地上有许多河流泛滥成灾，得不到治理。洪水淹没良田，百姓流离失所，甚至性命难保。在这种情况下，**尧用鲧治水，**　尧就任用鲧来治理水患。鲧是大禹的父亲，传说中也是黄帝的后裔，想必能够担此重任。**鲧用雍堵之法，九年而无功。**　鲧用修筑堤防的方法来堵截洪水，治理了九年，也没有治理好水患。

《山海经·海内经》记载，鲧为了治理水患，盗取了天帝的息壤。息壤是一种能够无限生长的土壤，能够生成堤坝，挡住洪流。天帝发现后，就处死了鲧。

后舜用禹治水，　后来，舜就任用禹来治理水患。鲧是禹的父亲，史料记载，鲧因为治水不利而被杀。禹就这样，背负着丧父之痛，扛着拯救天下苍生的重任，走马上任“治水官”。父亲治水失败的教训告诉他，堵截洪水的方法是行不通的，那就换个方法。**禹开九州，**　在禹之前，中华大地没有九州的概念，禹把那时候已知的地方划分为9个区域，即冀州、兖州、青州、徐州、扬州、荆州、豫州、梁州、雍州。

扬州、徐州我知道啊？不是江苏的两个城市吗？

九州后多为古代中国的代称。九个州的名字后世虽然沿用，但是所指的地域范围跟大禹的时候不一样。

通九道，陂九泽，度九山。 禹带领众人疏通了黄河下游的九条水道；为九个较大的湖泊修筑了大堤，防止洪水四溢；测量九座大山，以计算洪水是否可以可从中通过。据专家考证，大禹当年为治水开凿的山河道路，今天还能够寻到模糊的足迹呢！在那个交通不便的时期，做到这些事情有着我们无法想象的艰辛。

清·谢遂《仿唐人大禹治水》

大禹跋山涉水，呕心沥血。**疏通河道，因势利导，十三年终克水患。** 大禹疏通了黄河河道，根据地势导引洪水，用了十三年的时间，终于治理了水患。据说，为了治理水患，大禹三次经过自己的家门都没有进去，“三过家门而不入”的典故，就是从这里来的。

大禹的父亲鲧治水失败了，大禹成功了。**一成一败，其治不同也。** 成败结果的不同，是因为他们治水用的方法不同。大禹因治水有功，舜也像尧一样，把帝位禅让给了禹，大禹也成了千古帝王的楷模。

翻译填空

尧、舜在位的时候，黄河流域发生了很大的水灾。尧任用鲧来治水，鲧用（　　　）的办法，花了九年时间也没有治好水患。后来舜用禹来治水，禹采取（　　　）的办法，带领老百姓将天下划分为九个州，（　　　）了黄河下游的九条水道，为九个大湖筑起堤坝，（　　　）九座大山以计算洪水是否可从中通过。疏通河道，因势利导，用了十三年的时间终于治理了水患。大禹的成功和鲧的失败，就在于他们的（　　　）的不同。

参考答案：堵塞、疏导、疏通、勘测、治理方法

写作一点通

围绕中心，详略得当

小学生学写叙事作文时，一不小心就会写成流水账，主次不分，重点不突出。其主要原因是没有围绕中心思想，想到哪儿写到哪儿。这篇小古文以“大禹治水”为中心，在材料选择上详略得当，可供参考。

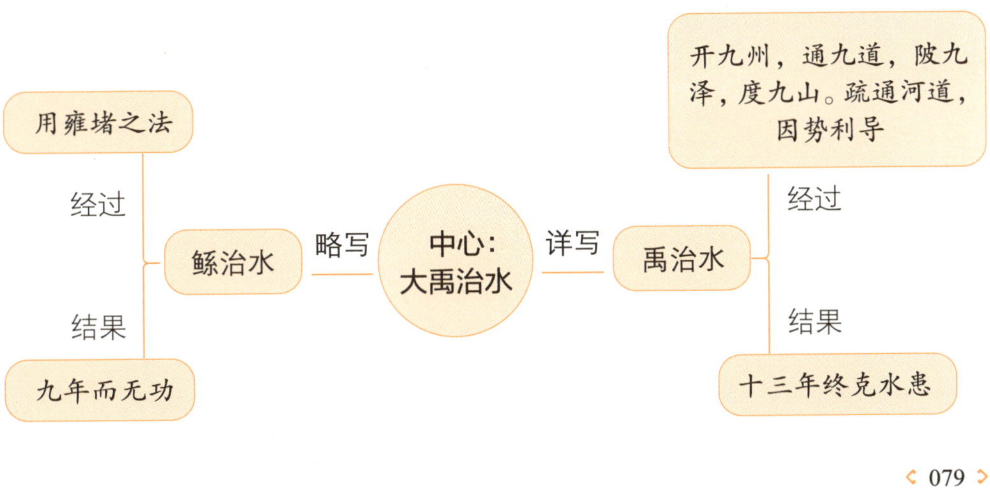

思考探究

1. 你认为大禹在治水的过程中会遇到什么困难？请展开想象并描述出来。

2. 结尾说，因为治水的方法不同，大禹和鲧一个成功，一个失败，你从中得到了什么启发？

日积月累

1.认识一个成语

【因势利导】要顺着事物发展的趋势很好地加以引导。

2.认识一个多音字

度 duó 量长短；揣度，推测。
度 dù 制度，法度；度量，气度。

17 精卫填海

古籍出处

《山海经·北山经》

阅读背景

《山海经》主要由《山经》与《海经》组成。本文节选自《山海经·北山经》。精卫是一种鸟的名字，又名誓鸟、冤鸟、志鸟。因为古籍记载中精卫是炎帝的女儿，所以它又俗称帝女雀。

原文诵读

yòu běi èr bǎi lǐ, yuē fā jiū zhī shān, qí shàng duō zhè mù. yǒu niǎo yān, qí zhuàng rú wū, wén shǒu、bái huì、chì zú, míng yuē jīng wèi, qí míng zì xiào. shì yán dì zhī shào nǚ, míng yuē nǚ wá. nǚ wá yóu yú

又北二百里，曰发鸠之山①，其上多柘木②。有鸟焉③，其状如乌，文首④、白喙⑤、赤足，名曰精卫。其鸣自詨⑥。是炎帝之少女⑦，名曰女娃。女娃游于

注释

①发鸠之山：山名。在今山西长子县西。

②柘木：柘树。

③焉：语气助词，没有实际意义。

④文首：头上有花纹。文，通“纹”，花纹。

⑤喙：鸟嘴。

⑥詨：通“叫”，呼唤、大叫。

⑦少女：小女儿。

dōng hǎi　nì　ér bù fǎn　gù wéi jīng wèi
东海⑧，溺⑨而不返，故为精卫。

cháng xián xī shān zhī mù shí　yǐ yīn　yú dōng
常衔西山之木石，以堙⑩于东

hǎi　zhāng shuǐ chū yān　dōng liú zhù yú hé
海。漳水出焉，东流注于河。

⑧东海：东边的大海。

⑨溺：淹没。

⑩堙：填塞。

趣读古文

锲而不舍，海能填平

又北二百里，　再向北走二百里。这是《山海经》独特的表达方式。如果按此方位，你永远无法找到所描述的地方。

到底是从哪里出发呢？出发点不一样，到的地方可不一样啊。

所以研究《山海经》，专家们首先要确定《山海经》的中心点，目前有巴蜀中心论和昆仑山中心论两种观点。

曰发鸠之山，其上多柘木。　有座山叫发鸠山，山上长了很多柘树。柘树是我国一个古老的树种，在我国分布较广，它的叶子可养蚕，皮可以做成黄色的染料，因为比较珍贵，在民间又叫帝王木。

真的有发鸠山吗？

在今山西省长子县西25千米处，有一座海拔1646米的山，当地人相信这就是精卫填海故事里的发鸠山。

有鸟焉，其状如乌，文首、白喙、赤足，名曰精卫。　树林里有一种鸟，它的形状像乌鸦，头上的羽毛有花纹，白色的嘴，红色的脚，名叫精卫。在现实世界中，很难找到这种鸟。有人认为，这是神话传说里的鸟，现实中根本不存在；也有人认为，现实中锡嘴雀跟精卫鸟的样貌有些相像。**其鸣自詨。**　它的叫声像自己呼叫自己。

它叫起来的声音应该是“精卫，精卫”。

鸟兽的名字，有一部分的确是这样命名的。比如布谷鸟的叫声是“布谷，布谷”，于是我们叫它布谷鸟。

是炎帝之少女，名曰女娃。　这句话交代了精卫的身世，她其实是炎帝的小女儿，名叫女娃。这里要特别注意“少女”“女娃”古今词义的不同。

女娃游于东海，溺而不返，故为精卫。　有一次，女娃去东边的大海游玩，溺水身亡，再也没有回来，所以化为精卫鸟。至于精卫为什么会被淹死，后来民间流传着众多版本。比如其中一个版本说，女娃是与海神的儿子发生矛盾，海神的儿子趁女娃到他们家门口玩耍时，故意淹死了她。女娃心有不甘，就变成了一只艳丽的精卫鸟。

常衔西山之木石，以堙于东海。　精卫经常叼着西山上的树枝和石块，用来填塞东海。

西山又是哪里呢？

有学者认为，西山就是发鸠山，据传炎帝就居住在附近。现在山西的高平还有神农城、炎帝陵等文化遗迹呢。

按照常理，大海怎么会被树枝、石块填平呢？可精卫毫不理会。它相信终有一天大海会被填平，正像“愚公”相信他们终能“移山”一样。

澄水出焉，东流注于河。 漳水从这儿流出，向东注入黄河。“焉”在这里是兼词，相当于“于此”，就是“从这里”的意思。别忘了，《山海经》虽然故事写得很有趣，但它也是本地理书哦。

翻译填空

再向北走二百里，有座山叫发鸠山，（　　）长了很多柘树。树林里有一种鸟，它的形状像乌鸦，头上羽毛有（　　），白色的（　　），红色的脚，名叫精卫，它的叫声像在（　　）自己的名字。她其实是炎帝的（　　），名叫女娃。有一次，女娃去东海（　　），溺水身亡，再也没有回来，所以化为精卫鸟。它经常叼着西山上的树枝和石块，用来（　　）东海。漳水从这儿流出，向东注入（　　）。

参考答案：山上、花纹、嘴、呼唤、小女儿、游玩、填塞、黄河

写作一点通

状物有顺序

这篇小古文中的精卫鸟给我们留下了深刻印象。作者对精卫鸟的描写既详细又生动。我们在写有关动物类的状物作文时，可以借鉴。

- 状物有顺序
  - 先写整体，再写局部
    - 整体：其状如乌
    - 局部：首、喙、足等
  - 局部有顺序
    - 从前到后，从上到下：先写头，后写嘴，然后写足
  - 突出特点
    - 颜色：文、白、赤
    - 叫声：其鸣自詨

思考探究

1. 这个故事与“夸父逐日”一样，具有浓厚的悲剧色彩，两个故事中人物的共同精神是什么呢？

2. “精卫”在传说中，还有很多别名，如誓鸟、冤鸟、志鸟，请你猜猜这些别名的各自含义是什么。

日积月累

1. 古文中的江河跟现在意义相同吗？

古人认为发源于昆仑山的水形成的河流叫“河”，发源于蜀地，最终流到大海的河流叫“江”。所以，古文中出现的河指黄河；江指长江。而其他的水流多称“水”，如洛水、渭水、淮水等。

2. 认识一个成语

【精卫填海】比喻不畏艰难，不达目的誓不罢休的坚强意志。

18 愚公移山（节选）

古籍出处

战国·列子《列子·汤问》

阅读背景

战国时期是一个社会大变革的时期，同时也是学术思想百家争鸣的时期。战国诸子常用寓言、神话等阐明各自观点，进行论辩。

本文选自《列子·汤问》第五章，讲述的是愚公不畏艰难挖山不止，最终天帝被他感动而将山挪走的故事。愚公移山所体现出的知难而进、艰苦奋斗的精神正是中华民族所崇尚的精神。

原文诵读

hé qū zhì sǒu xiào ér zhǐ zhī yuē shèn
河曲智叟[1]笑而止之曰："甚[2]

yǐ rǔ zhī bú huì yǐ cán nián yú lì
矣，汝之不惠[3]！以残年余力[4]，

céng bù néng huǐ shān zhī yì máo qí rú tǔ shí
曾不能毁山之一毛[5]，其[6]如土石

注释

[1] 叟：老年男子。

[2] 甚：严重。

[3] 惠：通"慧"，聪明。

[4] 残年余力：老迈的年纪和残余的气力。

[5] 毛：草木。

[6] 其：在"如……何"前面加强反问语气。

何？”北山愚公长息⑦曰：“汝⑧心之固，固不可彻⑨，曾不若孀妻弱子。虽我之死⑩，有子存焉。子又生孙，孙又生子；子又有子，子又有孙；子子孙孙无穷匮⑪也，而山不加增，何苦⑫而不平？”河曲智叟亡以应⑬。

⑦长息：长叹。

⑧汝：你，你的。

⑨彻：通达，这里指改变。

⑩虽我之死：即使我死了。虽，即使。之，用在主谓之间，无实意义。

⑪匮：穷尽。

⑫苦：愁苦，这里指担心。

⑬亡以应：没有话来回答。

趣读古文

知难而进的中国精神

古时候，在冀州以南、河阳以北矗立着两座大山，方圆七百里，高万仞，一座是太行山，一座是王屋山。

在北山的山脚下住着愚公一家，愚公快九十岁了。苦于大山的阻隔，愚公一家出来进去都要绕路，非常不方便。因此，愚公召集起全家人商量，要把这两座大山挖平，使道路畅通。大家纷纷表示赞同。愚公的妻子提出疑问说：“凭你的力气，连魁父这座小山都不能削平，能把太行、王屋怎么样呢？再说，往哪儿搁挖下来的土和石头呢？”众人说：“把它们扔到渤海的边上，隐土的北边。”

就这样，愚公率领儿孙中能挑担子的三个人上了山，凿石头，挖泥土，用箕畚运到渤海边上。邻居京城氏的寡妇有个孩子，刚七八岁，蹦蹦跳跳地去帮助他们。冬夏换季，才能往返一次。

河曲智叟笑而止之曰： 河曲一个有智慧的老人听说了这件事，跑来劝说愚公。注意，“愚公”和“智叟”都不是人名，而是分别对愚笨的老头和聪明的老头的称呼。

聪明的老头看到这么蠢笨的干法，就想去点醒他们。但是，愚公真的笨，智叟真的聪明吗？

“甚矣，汝之不惠！ 智叟一上来就非常严厉地批判了愚公的做法：“你也太不聪明了！”

这是一个倒装句，正常的顺序是：汝之不惠甚矣。古汉语中为了强调某一部分，就把那一部分放到句子的前面。

以残年余力，曾不能毁山之一毛，其如土石何？ ”接下来，智叟说出了他认为愚公不聪明的理由：“你已经九十多岁了，在世上还能活几年？就凭你残余的岁月、剩下的力气，连山上的一棵草都拔不动，又能把泥土石头怎么样呢？”

智叟言语间看似是发自肺腑的恳切。九十多岁，放在今天也是老寿星了，何况是在平均寿命很短的遥远的古代。九十多岁的老人不老老实实安度晚年，折腾个啥？还想移走两座大山，简直是天方夜谭。

其在这里没有意义，其放在“如……何”前加强反问语气。

但北山的愚公可不这样想。**北山愚公长息曰：“汝心之固，固不可彻，曾不若孀妻弱子。** 他长叹一声说：“你的思想真顽固，顽固到了不可改变的地步，连孤儿寡妇都比不上。”愚公的潜台词是：你这样顽固的人，怎么好意思称为“智叟”？愚公也是一个“毒舌”老人，把一个智慧的老先生和孤儿寡妇比：孤儿寡妇都来帮忙干活，而智叟却在质疑、打击。

虽我之死，有子存焉。子又生孙，孙又生子；子又有子，子又有孙；子子孙孙无穷匮也， 接下来，愚公展示了他强大的语言能力和辩论能力：“即使我死了，还有儿子在呀。儿子又生孙子，孙子又生儿子；儿子又有儿子，儿子又有孙子；子子孙孙无穷无尽。”虽然一时人不多，但是他们可以拉长战线，搞“持久战”啊。因为人类能够繁衍，绵延不绝，**而山不加增，何苦而不平?”** 愚公说完了人这边的优势，又开始说山的劣势：“可是山却不会增高变大，难道还怕挖不平吗?”

在愚公排山倒海的语言攻势下，**河曲智叟亡以应。** 河曲这个智慧的老人哑口无言。智叟的不回应，也许是被愚公的理论折服，也许是实在不能理解他们的“傻子精神”，这不得而知。

但天上的神仙倒真是被愚公的这番话惊吓到了。

握着蛇的山神听说了这件事，怕他没完没了地挖下去，就向天帝报告了这件事。天帝被愚公的精神所感动，于是命大力神夸娥氏的两个儿子把两座山背走了。从此以后，冀州的南部，直到汉水南岸，再也没有高山阻隔了。

翻译填空

河曲的智叟讥笑愚公，(　　　)他干这件事，说：“你也太不(　　　)了！就凭你残余的岁月、剩下的力气，连山上的一棵草都动不了，又能把泥土石头怎么样呢?”北山愚公(　　　)说：“你的思想真(　　　)，顽固到了不可改变的地步，连孤儿寡妇都比不上。即使我死了，还有儿子在呀。儿子又生孙子，孙子又生儿子；儿子又有儿子，儿子又有孙子；子子孙孙(　　　)，可是山却不会(　　　)，还怕挖不平吗?”河曲智叟无话可答。

参考答案：阻止、聪明、长叹、顽固、无穷无尽、增高

写作一点通

对比手法塑造人物

这篇小古文塑造了两个个性鲜明的人物——愚公和智叟，正是智叟处处表现出的“聪明”，才让愚公的形象更加突出。这种把具有明显差异或对立的人物放在一起进行比较的表现手法，就叫作对比。

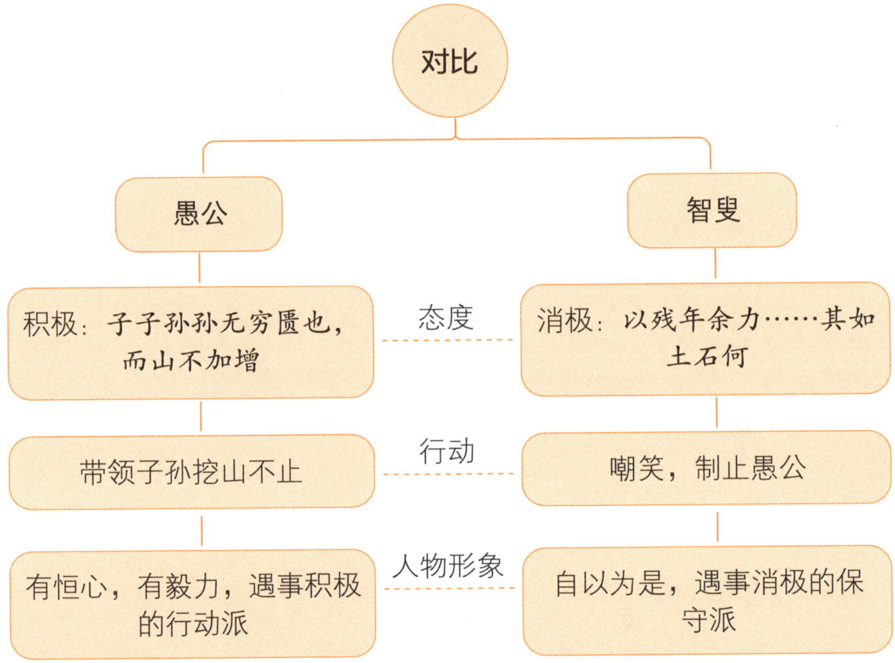

思考探究

1. 你认为愚公的这种做法值不值得提倡？为什么？

2. 从科学的眼光看，愚公移走两座大山，既没有必要，也不现实，作者为什么这么写？

19 鲲鹏展翅

古籍出处

战国·庄子《庄子·逍遥游》

阅读背景

庄子，名周，战国时期的哲学家、思想家，道家学派的代表人物，代表作是《庄子》。《逍遥游》是《庄子》里的名篇，想象丰富，构思新颖。讲述了鲲鹏的故事，当它是鱼的时候，叫作鲲，变成鸟以后，就叫作鹏。鹏一飞数万里，后常被当作高远志向的象征。

原文诵读

běi míng yǒu yú qí míng yuē kūn kūn zhī
北冥[1]有鱼，其名曰鲲。鲲之
dà bù zhī qí jǐ qiān lǐ yě huà ér wéi niǎo
大，不知其几千里也；化而为鸟，
qí míng wéi péng péng zhī bèi bù zhī qí jǐ qiān lǐ
其名为鹏。鹏之背，不知其几千里
yě nù ér fēi qí yì ruò chuí tiān zhī yún
也；怒[2]而飞，其翼若垂天之云[3]。
shì niǎo yě hǎi yùn zé jiāng xǐ yú nán míng
是鸟也，海运[4]则将徙[5]于南冥。

注释

[1] 北冥：北海。下文“南冥”，指南海。

[2] 怒：奋起的样子，这里指鼓起翅膀。

[3] 垂天之云：悬挂在天空的云。

[4] 海运：海水运动。古有“六月海动”之说。

[5] 徙：迁移。

nán míng zhě tiān chí yě qí xié zhě
南冥者，天池[6]也。《齐谐》[7]者，

zhì guài zhě yě xié zhī yán yuē péng zhī xǐ
志怪者也。《谐》之言曰：“鹏之徙

yú nán míng yě shuǐ jī sān qiān lǐ tuán fú
于南冥也，水击三千里，抟[8]扶

yáo ér shàng zhě jiǔ wàn lǐ qù yǐ liù yuè xī
摇[9]而上者九万里，去以[10]六月息[11]

zhě yě
者也。”

⑥天池：天然形成的水池。

⑦齐谐：书名。出于齐国，多载诙谐怪异之事，故名《齐谐》。

⑧抟：盘旋飞翔。

⑨扶摇：旋风。

⑩以：凭借。

⑪息：气息，这里指风。

趣读古文

你听说过鱼变鸟吗

你听说过鱼能变鸟吗？

在两千多年前，有一个浪漫的思想家庄子，就曾经写下了鱼变鸟的故事。

北冥有鱼，其名曰鲲。 北海里有一种鱼，名叫鲲。

北海在哪儿？肯定不是指北京的北海吧？

庄子世界的北海，指世界最北端的海。传说，北海终年不见阳光，水深而黑。实际上，这里的北海是庄子想象出来的，真实世界里并不存在。

鲲之大，不知其几千里也； 在真实的世界里，我们已知的生活在水中的最大的动物是蓝鲸，因此有人推断鲲的原型就是鲸鱼。可世界上最大的鲸鱼——蓝鲸，最长也才33米。而在庄子想象的世界

里，鲲有几千里那么长，可见庄子想象的奇诡。也正是因为神话超乎寻常的夸张和想象，才深深地吸引着我们。

化而为鸟，其名为鹏。　更为独特的是，鲲会变化。鲲从海里冲出，变成了鸟，这个鸟叫作鹏。在神话世界里，具有这样的神力的动物也较为常见，《山海经》里记载的就有。

它在水里生活得不好吗？为什么要变成鸟呢？

鱼只能在水里游，而鸟则能在天空中展翅高飞。这奇瑰的想象也反映出庄子对精神自由的追求。

鹏是一个形声字，朋表声，鸟表意。从古今字形上看，“鹏”字的形体均像一只鸟。那么，鹏鸟到底有多大呢？

鹏之背，不知其几千里也；　鹏的背就有几千里长，那它的全身得有多大？从中国的最北边到最南边的距离约为5500千米，大鹏鸟几乎有半个中国大了吧。

怒而飞，其翼若垂天之云。

怒？肯定是谁惹它生气了。

这里的“怒”不是生气的意思，而是奋起、奋发的意思。

当它奋起而飞的时候，展开的双翅就好像悬挂在天空中的云。鹏的大更加形象了。我们的脑海里甚至可以浮现出它振翅而飞时遮天蔽日的画面。

是鸟也，海运则将徙于南冥。南冥者，天池也。　这只鸟在海水运动的时候，将迁徙到南海去。南海是一个天然形成的水池。海运即海水运动。古代有“六月海动”之说，海动必有大风，大鹏可以借风力南飞。

这里的“是”跟我们今天所说的“是”意义完全不同，文中的“是”是“这”的意思。

这么奇特而稀罕的故事，庄子是凭空想象出来的吗？其实，他也是从别的地方听说的。故事的来源是一本叫《齐谐》的书。

《齐谐》者，志怪者也。 这本叫《齐谐》的书，是专门讲奇闻异事的，大概是类似于《山海经》之类的古代方志书，但这本书并没有流传下来。“志”在这里是记录、记载的意思。

《谐》之言曰：“鹏之徙于南冥也，水击三千里， 根据《齐谐》里的描述，大鹏迁徙到南海的时候，翅膀击水而行，激起的浪花有三千里。**抟扶摇而上者九万里，去以六月息者也。”** 它乘着旋风盘旋飞至九万里的高空。今天飞机飞行的高度也不过才6800—8000米，大鹏是如何飞到这么高呢？它凭借六月的大风离开。古代六月海动，海动必有大风，那时海水沸涌，自海底而起，所以它选择这时候离开。

翻译填空

北海有一条大鱼，它的名字叫作鲲。鲲体型巨大，身长不知道有几千里。鲲变化成为鸟，它的名字叫作鹏，鹏的脊背，不知道有几千里长。当它（　　　）而飞的时候，那展开的双翅就好像（　　　）在天空中的云。这只鹏鸟，在（　　　）的时候将要（　　　）到南海去。南海是个天然形成的水池。《齐谐》是一本专门（　　　）奇闻逸事的书。《齐谐》记载说：“大鹏迁徙到南海的时候，翅膀击水而行，激起的浪花有三千里，它乘着旋风（　　　）飞到九万里的高空，凭借着六月的大风离开。”

参考答案：奋起、悬挂、海水运动、迁徙、记载、盘旋

写作一点通

想象要真实合理

这篇文章展现了庄子天马行空的想象力，但细节上，又是与现实相贴合的，从而增强了故事的合理性。这正是庄子的高明之处。

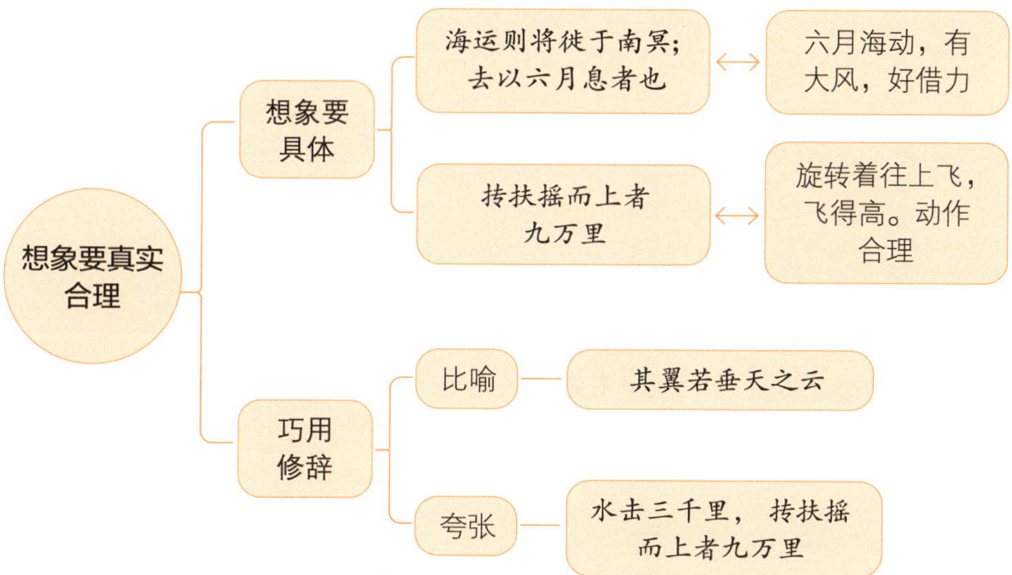

思考探究

1. 你知道哪些与“鹏”有关的成语或诗句，请说一说。
2. 文中大鹏这一形象有什么特点？请用自己的话简要概括。

日积月累

读读与鹏有关的诗句和成语

1. 大鹏一日同风起，扶摇直上九万里。——李白《上李邕》

释义：大鹏有朝一日乘风而起，扶摇直上九万里之高。

2. 大鹏飞兮振八裔，中天摧兮力不济。——李白《临路歌》

释义：大鹏奋起而飞，却在半空中折断了翅膀，力量不济。

3. 云垂大鹏翻，波动巨鳌没。——李白《天台晓望》

释义：天空中云彩如同大鹏的翅膀一样翻腾，苍海里的大鳌随波逐浪。

4. 三山巨鳌涌，万里大鹏飞。——李峤《海》

释义：海上的三座山翻着大浪，大鹏鸟在万里高空尽情地飞翔。

5.【**鹏程万里**】相传鹏鸟能飞万里路程。比喻前程远大。

6.【**鹏抟九天**】比喻人奋发有为。

7.【**鹏鴳齐致**】指两种不同的事物一并而来。

20 嫦娥奔月

古籍出处

西汉·刘安《淮南子·览冥训》

唐·段成式《酉阳杂俎》

阅读背景

嫦娥奔月的故事千古流传，版本很多。最早可追溯到商代的卜巫书。那时，嫦娥还不是后羿的妻子。汉代，淮南王刘安组织门客编写的《淮南子》首次出现了嫦娥与后羿是夫妻的情节。唐代段成式的《酉阳杂俎》让这个故事更加丰富，也出现了吴刚伐桂的情节。

原文诵读

羿（yì）请（qǐng）不（bù）死（sǐ）之（zhī）药（yào）于（yú）西（xī）王（wáng）母（mǔ），羿（yì）妻（qī）姮（héng）娥（é）[1]窃（qiè）之（zhī）奔（bēn）月（yuè），托（tuō）身（shēn）于（yú）月（yuè），是（shì）为（wéi）蟾（chán）蜍（chú），而（ér）为（wéi）月（yuè）精（jīng）。[2]

旧（jiù）言（yán）月（yuè）中（zhōng）有（yǒu）桂（guì），有（yǒu）蟾（chán）蜍（chú）。故（gù）异（yì）书（shū）言（yán）：月（yuè）桂（guì）高（gāo）五（wǔ）百（bǎi）丈（zhàng），下（xià）有（yǒu）一（yì）

注释

[1] 姮娥：指嫦娥。

[2] 这一段选自《淮南子·览冥训》。

rén　cháng zhuó　zhī　shù chuāng suí hé　rén
人，常斫[3]之，树创随合。人

xìng wú　mínggāng　xī hé rén　xué xiān yǒu guò
姓吴，名刚，西河人，学仙有过，

zhé　lìng fá mù
谪[4]令伐木。[5]

[3] 斫：用刀、斧等砍。

[4] 谪：通“谪”，贬谪。

[5] 这一段选自《酉阳杂俎》。

趣读古文

嫦娥是怎么上天的

文中的羿，就是我们熟知的后羿。传说，后羿和嫦娥在桂树下相遇后结婚。后来，后羿因为射日得罪了天帝帝俊，被贬下凡间。为了能够免于生老病死，**羿请不死之药于西王母，**　后羿从西王母那儿求来了不死之药。这不死药极珍贵，只有住在昆仑山上的西王母那里有。古书上记载，古代尧、舜、周穆王均去过昆仑山拜会西王母。

西王母是王母娘娘吗？

不是。西王母是古代较早的神灵，《山海经》记载的西王母长着豹子的尾巴，老虎的牙齿，人的身子，还擅长啸。

羿妻姮娥窃之奔月，　之，是古汉语里的一个代词，这里指的是不死药。后羿的妻子嫦娥偷走了不死药，吃了以后，身体变得轻飘飘的，飞到了月亮上。

嫦娥奔月　汉代画像砖

托身于月，是为蟾蜍，而为月精。　嫦娥住在月亮上，久而久之竟变化成了蟾蜍，成为人们传说中的月之精灵。

啊？仙女嫦娥怎么会是一只癞蛤蟆？

古籍中最早的记载就是这样的。嫦娥仙女的形象是后来才有的。

到了唐代，嫦娥奔月的故事又有了很多版本，情节也越来越丰富，特别是对嫦娥窃药的原因做了很多补充。流传较广的情节是：后羿的徒弟逄蒙想偷不死药，被嫦娥发现，两人抢夺中，嫦娥急中生智抢先把不死药吞了下去。这样，嫦娥就有了仙气飘飘的正面形象。

到了唐代，《西阳杂俎》是这样说的：**旧言月中有桂，有蟾蜍。**　根据《淮南子》等古书的记载，月亮上有桂树，有蟾蜍。其实蟾蜍要比嫦娥早住进月亮很多年，而且月亮上还有一只兔子。

为什么古书上总提“蟾蜍”，也让嫦娥变“蟾蜍”？多恶心呀！

对于古人来说，蟾蜍是神圣的，因为蟾蜍属于蛙类，能够一产多子。在古代死亡率极高的情况下，蟾蜍就成了人们崇拜的对象之一。在许多出土的陶罐上，就有很多蛙的形象。

故异书言：月桂高五百丈，下有一人，常斫之，树创随合。　因此有一本记录异事的书上说：在月亮上那棵五百丈高的桂树下，有一个人，拿着一把斧头天天砍桂树。但是这棵桂树每被砍一下，创口就会快速地愈合，它既不会倒下，也不会死去。所以，砍桂树就是一种惩罚。那么这个人是谁呢？他犯了什么错呢？

西方神话里也有一个类似的形象——西西弗，他被惩罚推一块巨石上山，每次快到山顶，石头就会滚下来。循环往复。

人姓吴。名刚，西河人，学仙有过，谪令伐木。　这个不停砍桂树的人有名有姓，他叫吴刚，西河人，学仙的时候，犯了错，被天帝贬谪于月亮上，罚他砍这棵永远也砍不倒的桂树。

至于他到底犯了什么错，原文没有交代。于是，后世的文献里就补出很多情节。感兴趣的可以找来看看。

翻译填空

羿从西王母处请来不死之药，羿的妻子嫦娥（　　）了这颗灵药，（　　）月亮上。嫦娥于是就住在月亮之中，（　　）了蟾蜍，就是传说中的月精。

古老的传说中，月亮上有棵（　　），还有蟾蜍。因此有一本（　　）的书上说：月亮上有棵桂树非常高，树下有个人不停地（　　），可是树被砍之后马上就（　　）了，砍树的人叫作吴刚，是西河人，在学仙道的时候犯了过错，就被（　　）砍伐桂树。

参考答案：偷吃、飞到、变成、桂树、记录异事、砍伐桂树、愈合、惩罚

写作一点通

如何补写更生动

嫦娥奔月的故事留下了许多想象空间，如，嫦娥为什么偷吃了仙丹？她在月亮上过得怎么样？这些想象的空间，就可以补充描写，让人物形象更鲜明，情节更合理。

在众多的补写版本中，下面这个版本尤为精彩，值得借鉴。

羿请不死之药于西王母，托与姮娥。逢蒙往而窃之，窃之不成，欲加害姮娥。娥无以为计，吞不死药以升天。然不忍离羿而去，滞留月宫。广寒寂寥，怅然有丧，无以继之，遂催吴刚伐桂，玉兔捣药，欲配飞升之药，重回人间焉。

- 如何补写更生动
  - 故事要完整 — 有六要素：时间、地点、人物、起因、经过、结果
  - 情节有起伏 — 情节的发展：有高潮，有结尾
  - 人物有特点 — 嫦娥的特点：善良、忠诚；逢蒙的特点：贪婪、不忠

思考探究

1. 嫦娥来到月亮后，会过着怎样的生活？试着补充故事情节。
2. 吴刚犯下什么错才被罚无休止地伐桂树？试着补充故事情节。

日积月累

西王母：形象来自《山海经·大荒西经》：“西王母穴处昆仑之丘……其状如人，豹尾虎齿而善啸，蓬发戴胜。”意思是，西王母居住在昆仑山。形貌像人，长着豹一样的尾巴，老虎一样的牙齿，善于长啸，散着头发，头上戴着首饰。

21 牛郎织女

古籍出处

南朝梁·殷芸《小说》

南宋·罗愿《尔雅翼》

阅读背景

牛郎织女的故事最早见于先秦的《诗经》，在流传中经过不断地衍生，才有了我们熟悉的牛郎织女故事。可以说，大众耳熟能详的牛郎织女故事，是各种古籍记载拼凑和衍生来的。本篇第一段节选自《小说》，第二段节选自《尔雅翼》。

原文诵读

tiān hé zhī dōng yǒu zhī nǚ， tiān dì zhī nǚ yě。 nián nián jī zhù láo yì， zhī chéng yún jǐn tiān yī， róng mào bù xiá zhěng。 tiān dì lián qí dú chǔ， xǔ jià hé xī qiān niú láng。 jià hòu suì fèi zhī rèn。 tiān dì nù， zé lìng guī hé dōng， xǔ yì

天河之东有织女，天帝之女也。年年机杼[1]劳役[2]，织成云锦天衣，容貌不暇整。天帝怜其独处，许嫁河西牵牛郎。嫁后遂废织纴[3]。天帝怒，责令归河东，许一

注释

[1] 机杼：机，织布机；杼，织布的梭子。

[2] 劳役：辛苦劳作。

[3] 织纴：纺织工作。织和纴都有纺织之义。

nián yí dù xiāng huì
年一度相会。

shè qiū qī rì quèshǒu wú gù jiē kūn
涉秋[4]七日，鹊首无故皆髡[5]，

xiāng chuán shì rì hé gǔ yǔ zhī nǚ huì yú hàn
相传是日河鼓[6]与织女会于汉

dōng yì wū què wéi liáng yǐ dù gù máo jiē
东[7]，役乌鹊为梁[8]以渡，故毛皆

tuō qù
脱去。

[4] 涉秋：入秋。

[5] 髡：古代一种剃掉人头发的刑罚。

[6] 河鼓：星名，代指牵牛郎。

[7] 汉东：银河的东边。

[8] 梁：桥。

趣读古文

牛郎和织女是怎么走到一起的

我们熟知的牛郎织女的故事是这样的：织女是王母娘娘的女儿，因为偷偷下凡洗澡，被牛郎偷去了衣服，无奈之下与牛郎结为夫妻，后来生下一儿一女。王母娘娘发现后，带领天兵天将将织女押回天庭，并拔下发簪划出一道银河，阻隔了追来的牛郎。从此，牛郎和织女遥遥相望，只有每年农历七月初七才能见上一面。

这个故事里牛郎并不可怜啊，他偷织女衣服，就像个流氓。

让我们回到古籍，读一读原汁原味的牛郎织女故事。

天河之东有织女，天帝之女也。　天河就是银河，织女就住在天河的东边，是天帝的女儿。银河跟王母娘娘没有什么关系，天帝也不是玉皇大帝，而多指“五帝”之一帝俊。玉皇大帝是唐代才诞生的神仙。

年年机杼劳役，织成云锦天衣，容貌不暇整。 织女年复一年地在织布机上辛苦地劳作，织成像云霞一样美丽的锦缎，制成天衣，劳碌得都没有时间整理自己的容貌。

天帝怜其独处，许嫁河西牵牛郎。 作为父亲，天帝心疼女儿独自生活，又孤独寂寞，就准许她嫁给了天河西边的牵牛郎。为什么这里用“许嫁”？因为在古代，男女是没有恋爱和结婚的自由的，他们必须遵从“父母之命，媒妁之言”，天帝的女儿也不例外。

这可跟民间传说牛郎织女自主结婚的情节差远了。

也可能是因为老百姓对于婚姻不能自主深恶痛绝，所以特意加入了这个情节呢！

嫁后遂废织纴。 织女出嫁后，可能是因为婚后甜蜜，也可能因为婚后还要处理琐碎的家庭事务，就荒废了纺织的工作。

天帝怒，责令归河东，许一年一度相会。 结果天帝被惹怒了，严厉地命令她回到天河东继续工作，一年只允许她和丈夫相会一次。

天帝太霸道了，有点不讲理了。

接下来的故事更离奇。

涉秋七日，鹊首无故皆髡， 入秋后的第七日，一般指农历七月初七，因为七月是秋天的第一个月。在这天，喜鹊的头顶会无缘无故地秃掉。这可太奇怪了。

髡是古代的一种把头发剃掉的刑罚。

难道是喜鹊犯了错，头顶的毛被拔光了？

相传是日河鼓与织女会于汉东，役乌鹊为梁以渡，故毛皆脱去。　传说中，这天，牛郎和织女在天河的东边相会。因为天河太宽广，所以就役使喜鹊搭起鹊桥，他们踏着鹊桥相会。所以喜鹊头顶的毛才脱去了。那么，是谁役使喜鹊呢？应该是天帝。从役这个词也可以看出来，喜鹊们肯定不是自愿去搭桥的。

可怜的喜鹊，原来它们的头顶是被牛郎织女踩秃的呀。

这个故事是不是颠覆了我们的认知？但现实中，在农历七月初七这一天，的确不怎么能看见喜鹊的身影，不信你留意看看。

翻译填空

天河的东边住着织女，她是天帝的女儿。年年在（　　）上劳作，织出锦绣天衣，自己都没有空闲修饰仪容。天帝可怜她独自生活，（　　）她嫁给天河西边的牵牛郎，织女出嫁后（　　）了纺织的工作。天帝很（　　），责令她回到天河东边，只许他们一年相会一次。

每年（　　）的第七天，我们总会看见乌鹊的头顶突然（　　）。相传这天牛郎和织女在银河的东岸相会，役使乌鹊做（　　），从它们头顶走过去，所以乌鹊头上的毛都被（　　）了。

参考答案：织布机、准许、荒废、生气、入秋、变秃、桥梁、踩秃

写作一点通

如何把想象力落到实处

想象力要落到实处，与生活相结合，与现实有联系才能引起读者兴趣和共鸣。这篇文章就是一个范例。

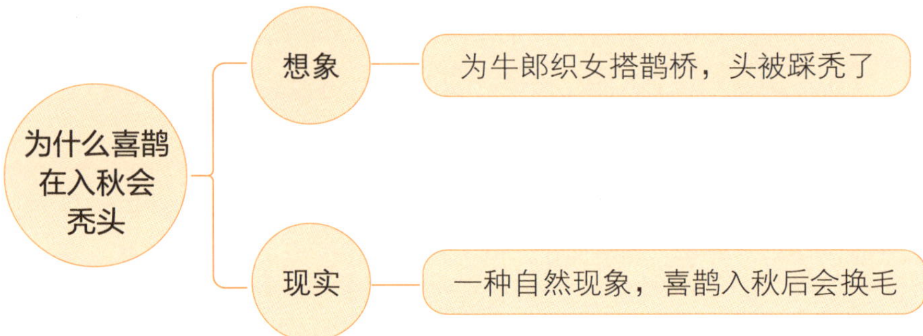

思考探究

1. 喜鹊的头顶真的是被踩秃的吗？为什么七夕前后很少能见到它们？说说你的理由。

2. 织女贵为天帝之女，因婚后废织纴而被天帝惩罚，你赞同天帝的做法吗？为什么？

日积月累

为什么七夕前后很少见到喜鹊

鸟类都有换毛的习惯，而喜鹊一般在农历七月上旬换毛，也就是七夕前后。因为喜鹊在春天长的羽毛是比较粗硬的，而到了七夕前后，喜鹊就要开始换毛了，大量粗硬的羽毛会快速脱落，再长出柔软细密的羽毛，这样才能在冬天的时候抵御寒冷。喜鹊在换毛的时候，不仅抵抗力很弱，而且活动能力也会大大降低。所以，在七夕这天喜鹊的身影就不多见了。

七夕节

中国民间的传统节日。七夕节由星宿崇拜衍化而来，为传统意义上的七姐诞，因拜祭“七姐”活动在七月七日晚上举行，故名“七夕”。拜七姐，祈福许愿、乞求巧艺、坐看牵牛织女星、祈祷姻缘等，是七夕的传统习俗。经历史发展，七夕被赋予了“牛郎织女”的美丽爱情传说，使其成了象征爱情的节日，在当代被称为“中国情人节”。

第4单元

诸子故事

22 苛政猛于虎

古籍出处

西汉·戴圣《礼记·檀弓下》

阅读背景

《礼记》成书于汉代，由西汉儒家学者戴圣编纂，是一部战国至秦汉年间儒家学者解释经书《仪礼》的文章选集，是儒家的“十三经”之一。汉代把孔子定的典籍称为“经”，弟子对“经”的解说是“传”或“记”，《礼记》因此得名，即对“礼”的解释。

原文诵读

kǒng zǐ guò tài shān cè yǒu fù rén kū yú
孔子过泰山侧，有妇人哭于
mù zhě ér āi fū zǐ shì ér tīng zhī shǐ
墓者而哀[1]。夫子[2]式[3]而听之，使[4]
zǐ lù wèn zhī yuē zǐ zhī kū yě yī sì
子路问之曰：“子之哭也，壹似[5]
chóng yǒu yōu zhě ér yuē rán xī zhě
重有忧者。”而[6]曰：“然。昔者
wú jiù sǐ yú hǔ wú fū yòu sǐ yān jīn wú
吾舅[7]死于虎，吾夫又死焉，今吾

注释

1. 哀：伤心，悲痛。
2. 夫子：古代对师长的称呼，这里指孔子。
3. 式：通“轼”，指车前的扶手横木。这里用作动词，扶着轼。
4. 使：派遣，让。
5. 壹似：确实像。壹：确实，的确。
6. 而：乃，就。
7. 舅：当时称丈夫

zǐ yòu sǐ yān　fū zǐ yuē　hé wéi　bú qù
子又死焉！”夫子曰：“何为[8]不去[9]

yě　yuē　wú kē zhèng　fū zǐ yuē
也？”曰：“无苛政[10]。”夫子曰：

xiǎo zǐ　zhì　zhī　kē zhèng měng yú hǔ yě
“小子[11]识[12]之！苛政猛于虎也。”

的父亲为舅，即公公。

[8] 何为：为什么。

[9] 去：离开。

[10] 苛政：繁重的赋税、苛刻的法令。

[11] 小子：古时长者对晚辈的称呼。这里是孔子称呼弟子。

[12] 识：通“志”，记住。

趣读古文

猛虎和苛政哪个更可怕

千百年来，普通百姓一直处于社会的底层。两千多年的封建社会中，百姓的生活大多数时候是很艰辛的，“兴，百姓苦，亡，百姓苦”。孔子用亲眼所见，来警示后人——人为的苛政比猛虎更为可怕。

有一次，**孔子过泰山侧，** 过是路过的意思。泰山侧，从实际情形推测，应该翻译为泰山脚下更为恰当。孔子路过泰山脚下，**有妇人哭于墓者而哀。** 看见一个妇人在几处坟墓旁哭泣，哭声悲凉。

“哭于墓者”是一个倒装句，按照现代汉语的语序，应该是“于墓者哭”。

听到这么伤心的哭声，是谁都会为之动容。孔子因为不了解事情的原委，便没有立刻上前询问，**夫子式而听之，** “式”通“轼”，指车前的扶手横木。

请问孔子是走路经过泰山脚下还是坐车经过？

这怎么猜……

从“式”这个字就可以推断出，孔子是坐车的。他扶着车前的横木听妇人的哭声。哭声见真情，孔子听出这哭声里的悲切太甚，才**使子路问之曰：“子之哭也，壹似重有忧者。”** 可见孔子是个“三思而后行”的人。先观察做出判断以后，才让他的弟子子路去询问那个妇人。子路问道：“您这样哭，实在像连着有了几件伤心事似的。”**而曰：“然。昔者吾舅死于虎，吾夫又死焉，今吾子又死焉！”** 妇人回答道：“是这样的。前几年，我的公公被老虎咬死了，接着我的丈夫也被老虎咬死了，现在我的儿子又被老虎咬死了！”

古代，舅是公公的意思？那怎么称呼舅舅呀？

是的。古代，女子称呼丈夫的父亲为舅，即公公；称呼丈夫的母亲为姑，即婆婆；称呼舅舅为舅父或舅公。

如果将我们自己代入那个场景，我们在同情那个妇人的同时，也会跟孔子有一样的疑问。**夫子曰：“何为不去也？”** 孔子问：“既然老虎那么残暴，为什么不离开这个地方呢？”**曰：“无苛政。”** 妇人的回答出乎他们的意料，她说：“因为这里没有苛刻的政令和繁重的赋税。”这下我们总算明白了：老虎都害死了祖孙三代的亲人，已经够可怕了吧，但还有一种东西比老虎更可怕，叫苛政。

苛政是比老虎还可怕的怪物吗？

苛政不是怪物，而是统治者强加到百姓身上的剥削、赋税等。

夫子曰："小子识之！苛政猛于虎也。"　听了妇人的话，孔子也唏嘘不已。他把弟子叫过来，说："年轻人，要记住，苛刻残暴的政令比吃人的老虎还要凶猛可怕啊。"可以想象，老百姓被苛政折磨成什么样子，才选择这样担惊受怕地苟活着。虽然孔子对这样的现实也无能为力，但他提出了"仁政"的思想，告诉弟子、统治者以及后人，施行仁慈的政令，善待百姓，国家才能长久。

翻译填空

孔子路过泰山（　　　），有一个妇人在墓前哭得很（　　　）。孔子扶着车前的（　　　）听妇人的哭声，让子路前去问那个妇人。子路问道："您这样哭，实在像连着有了（　　　）伤心事似的。"妇人就说："没错，之前我的（　　　）被老虎咬死了，后来我的丈夫又被老虎咬死了，现在我的儿子又死在了老虎口中！"孔子问："那为什么不离开这里呢？"妇人回答说："这里没有（　　　）的政令。"孔子说："（　　　）要记住这件事，苛刻残暴的政令比老虎还要凶猛可怕啊！"

参考答案：脚下、悲伤、横木、几件、公公、残暴、年轻人

写作一点通

以小见大选材法

以小见大，是表现文章主题的一种极好的方式。学会关注生活，观察身边的小事，你会发现，普通的事件往往能折射出不普通的生活哲理。

孔子在周游列国的过程中，碰到的小事数以万计，但这件普通百姓的事，却体现出了大主题——苛政猛于虎，这个大主题成了未来两千多年的统

治者的警示语。这个大主题就是从“哀伤妇人”这件看似平常的事中悟出的。

思考探究

1. 本文写了一件什么事？用简洁的语言概括。

2. 本文的中心是什么？

日积月累

1. 认识文言文中的倒装句

倒装句是跟正常语序不一致的句子，是为了强调或突出一些词语而颠倒了原有语序的句式。如——

有妇人哭于墓者而哀，正常语序是：有妇人于墓者哭而哀。

何为不去也？正常语序是：为何不去也？

2. 认识一个成语

【苛政猛于虎】苛：苛刻，繁重。繁苛的政令比老虎还要凶残可怕。比喻暴政伤民。

23 两小儿辩日

古籍出处

战国·列子《列子·汤问》

阅读背景

战国时期是一个社会大变革的时期，同时也是学术思想百家争鸣的时期。寓言作为诸子散文的重要组成部分，成了战国诸子们阐明各自的政治观点、学术思想以及进行论辩的有力武器。《列子》即是在这样一个背景下，由列子及其弟子所编著的寓言和神话故事集。本文节选自《列子·汤问》，记录的是春秋时期，两个小孩与当时的大学问家孔子的故事。

原文诵读

kǒng zǐ dōng yóu jiàn liǎng xiǎo ér biàn dòu wèn qí gù
孔子东游[1]，见两小儿辩斗[2]，问其故[3]。

yì ér yuē wǒ yǐ rì shǐ chū shí qù rén jìn ér rì zhōng shí yuǎn yě
一儿曰："我以[4]日始出时去[5]人近，而日中时远也。"

注释

[1]东游：向东游历。

[2]辩斗：辩论，争论。

[3]故：缘故，原因。

[4]以：认为。

[5]去：距离。

一儿曰：“我以日初出远，而日中时近也。”

一儿曰：“日初出大如车盖[6]，及日中则如盘盂[7]，此不为[8]远者小而近者大乎？”

一儿曰：“日初出沧沧凉凉[9]，及其日中如探汤[10]，此不为近者热而远者凉乎？”

孔子不能决[11]也。两小儿笑曰：“孰[12]为[13]汝多知[14]乎？”

[6] 车盖：古时车上的篷盖，像雨伞一样呈圆形。

[7] 盘盂：古代盛放食物的器皿。

[8] 为：是。

[9] 沧沧凉凉：形容清凉的感觉。

[10] 探汤：把手伸向热水里。汤，热水。

[11] 决：决断，判定。

[12] 孰：谁，哪个。

[13] 为：认为，以为。引申为“说”。

[14] 知：同“智”，在这里指智慧。

趣读古文

圣人也不是全能的

在春秋战国时期，辩论随处可见，百家争鸣，群星闪耀，辩出了流传后世几千年的“百家思想”。当时，辩论之风有多么盛呢？就连大街上的孩子们，也可以随时随地吵一场“哲学”架。

孔子东游，

看到游字，你会先想到什么呢？

游戏、旅游……

这个游字，肯定不是游戏的意思，游戏也跟孔子的形象不符啊；也不是旅游的意思，“旅游”这个词，最早出现在南北朝，到唐朝才被广泛运用，而孔子的时代，大家大多连温饱还未解决，是没有心情去“旅游”的。游学、游历是比较靠谱的解释。孔子东游，大约发生在孔子周游列国时期。孔子一边游历，一边向各诸侯国的君主们宣传自己的政治思想，寻找施展才能的机会，照现在的说法，是寻找好的“工作”机会。**见两小儿辩斗，问其故。** 看到两个小孩在激烈地争辩，孔子作为老师的“职业病”犯了，便去问问他们争吵的原因，好给两个小孩调解矛盾。

一儿曰：“我以日始出时去人近，而日中时远也。” 一个小孩说：“我认为太阳刚刚升起时距离人近一些，而中午的时候距离人远一些。”

去不是个动词吗，怎么会是距离的意思？

词汇是发展演变的，有的词古代和现代的意思一样；但有的词在演变中，它原来的意义就消失了，继而产生了新的意义。去就是一个例子。

一儿曰：“我以日初出远，而日中时近也。” 而另一个小孩则说：“我认为太阳刚刚升起时距离人远些，而中午时距离人近些。”哦，吵架原因弄明白了，原来是他们对太阳远近的看法不同。我们也跟孔子一样，想听听他们的理由。

一儿曰："日初出大如车盖，及日中则如盘盂，此不为远者小而近者大乎？"　一个小孩解释说："太阳初升时像车盖一样大，到了中午则像盘盂一样大，这难道还不能说明太阳离得越远越小而离得越近越大吗？"

车盖是盖汽车的那块大帆布吗？盘盂就是大盘子吧？

车盖是古时候车上遮雨蔽日的篷子，样子跟今天的大遮阳伞很像，还有柄，高级的还缀着流苏。盘和盂都是古代盛放食物的器皿。

一儿曰："日初出沧沧凉凉，及其日中如探汤，此不为近者热而远者凉乎？"

探汤，就是手伸进热汤里吗？那不得烫伤啊！

在古代，汤是热水的意思，而且还是不太烫的水，所以古代的温泉被称为"汤泉"。汤也是古今词汇演变的一个例子。

孩子的比喻恰如其分——太阳刚出来时很清凉，到了中午时热得就像是把手放进了热水里，这难道不能说明太阳离得近就热而离得远就凉吗？

两个小孩都各有各的道理，这下把博学多才的孔子都难住了。两个孩子还在眼巴巴地等着答案，但**孔子不能决也。**　孔子也无奈地承认，自己也不能决断谁对谁错。

两小儿笑曰："孰为汝多知乎？"　两个小孩就笑孔子说："谁说您十分有智慧呢？"

孔子为什么不编一个答案呢？

这就是孔子的伟大之处，“知之为知之，不知为不知，是知也”。意思是说：知道就是知道，不知道就是不知道，这才是真正的智慧。

两个孩子虽然年龄小，但是敢于探索客观真理，并且能够保持独立思考、大胆质疑的精神；孔子虽然学识渊博，德高望重，但是他也有自己知识不足的地方，而且他能够老老实实地承认自己的不足，这两方都值得我们学习。

翻译填空

一天，孔子向东（　　），看到两个小孩在（　　），便问是什么（　　）。

一个小孩说：“我认为太阳（　　）升起时离人近一些，中午的时候离人远一些。”

另一个小孩认为太阳刚刚升起时离人远些，而中午时离人近些。

一个小孩说：“太阳刚出来时像（　　）一样大，到了中午却像个（　　），这不是远时看起来小而近时看起来大吗？”

另一个小孩说：“太阳刚出来时有（　　）的感觉，到了中午却像把手伸进（　　）里一样，这不是近时热而远时凉吗？”

孔子也无法判断谁是谁非。两个小孩笑着说：“谁说您十分有智慧呢？”

参考答案：游历、争辩、原因、刚刚、车盖、盘子、清凉、热水

写作一点通

辩论技巧——有理有据

我们总会遇到要发表自己观点的时候，你说你的观点（也叫论点）是对的？依据是什么呢？于是，你必须要用足够的事实或正确的道理，证明自己的观点是正确的。用来证明论点的事实和道理叫作论据。本文中的两个孩子就极具辩论才能，能够充分利用论据来证明自己的观点。

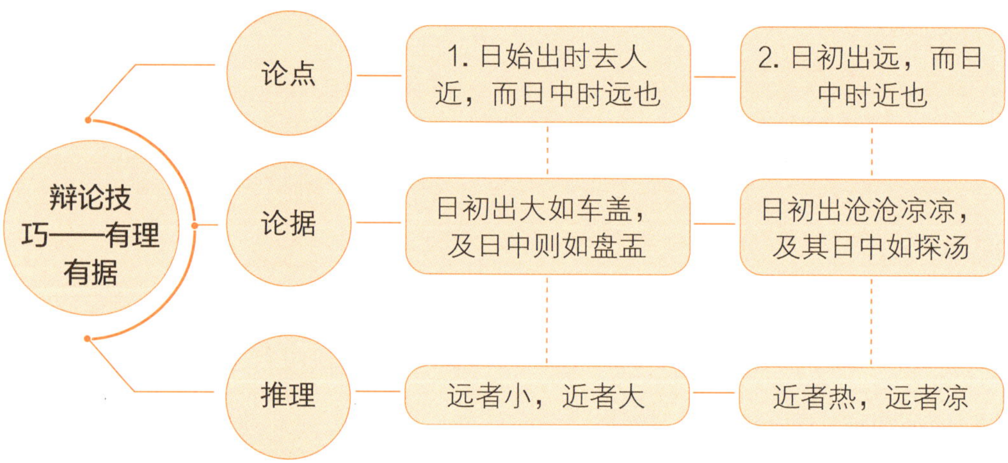

思考探究

1. 你能判断出哪个孩子说得对吗？请说出你的理由。

2. 从文中的对话能看出孔子是一个怎样的人？

24 曾子不受邑

古籍出处

西汉·刘向《说苑·立节》

阅读背景

刘向，西汉经学家、目录学家、文学家。他的先祖是汉高祖刘邦的异母弟弟。刘向主张“天人感应”学说，与儿子刘歆一起，为古代图书的编目整理工作做出了巨大的贡献。著作有《说苑》《列女传》等。

《说苑》又名《新苑》，是古代杂史小说集，记述了春秋战国至汉代的逸闻趣事，其中以记述诸子言行为主。本文记述了孔子晚年的弟子——曾子（即曾参）的故事。

原文诵读

zēng zǐ yì bì yī yǐ gēng lǔ jūn shǐ
曾子衣[1]敝衣[2]以耕。鲁君使

rén wǎng zhì yì yān yuē qǐng yǐ cǐ xiū
人往致邑[3]焉，曰：“请以此修[4]

yī zēng zǐ bú shòu fǎn fù wǎng yòu
衣。”曾子不受，反[5]。复往，又

bú shòu
不受。

注释

[1]衣：动词，穿着。

[2]敝衣：破旧的衣服。

[3]邑：封地。

[4]修：修饰，修整。

[5]反：通“返”，返回。

使者曰："先生非有求于人，人自献之，奚为[6]不受？"

曾子曰："臣闻之：受人者畏人，与人者骄人。纵君有赐，不我骄[7]也，我能勿畏乎？"终不受。

孔子闻之曰："参之言，足以全其节[8]也。"

[6] 奚为：为什么。

[7] 不我骄：宾语前置句，即"不骄我"，不傲视我。骄，傲视。

[8] 全其节：保全他的气节。

趣读古文

君子的气节

曾子，姒姓，曾氏，名参，是春秋时期人。他和父亲曾皙都是孔子的弟子。曾子勤奋好学，是孔子的"关门弟子"之一。孔子的高才弟子颜回病故后，曾参就成了孔子学说的主要继承人。曾子的品德也名扬鲁国。曾子的故事流传下来很多，这是其中的一则。

曾子衣敝衣以耕。 第一个"衣"是动词，穿衣，这个意义在现代汉语中已经消失。第二个"衣"是名词，衣服。曾子穿着破旧的衣服在地里耕种。尽管曾子此时已经名满天下，但他依然过着简朴的生活，并亲自从事农业劳动。

鲁君使人往致邑焉，曰："请以此修衣。" 鲁国的国君派使臣前往他那里，送给他一块封地，使臣传达了鲁国国君的意图："请用这块封地的财富，修饰一下您的服装吧。”

邑，最初是天子赐予诸侯的采邑，后来也泛化为诸侯封给卿士的采邑，即一座城及其附属人财物。每一个“邑”都对应着所享受的土地、人民以及财政等诸多福利。

曾子不受，反。　但没想到，曾子没有接受国君的封赠，使臣只好返回了。鲁国的国君也很执着，一次不要，我送两次。**复往，又不受。**　使者又送了一次，曾子还是没有接受。

两次赠送，可见国君诚意。

如果你是曾子，你会接受国君的馈赠吗？

不好说不好说，无功不受禄。

如果曾子接受了封赠，一方面曾子得到了好处，另一方面，也成就了鲁国国君爱才惜才的美名。一举两得的事，可曾子就是拒绝了。

这下，使臣也不能理解了。

使者曰：“先生非有求于人，人自献之，奚为不受？”　使者忍不住问道：“先生不是有求于国君，完全是国君自愿封赠给您的，为什么不肯接受呢？”使者说这话是有言外之意的，他可能也考虑到了曾子的顾虑，便直接点明，这是国君无功利的赠送，不用惦记着回报。

而曾子是怎么回复的呢？**曾子曰：“臣闻之：受人者畏人，与人者骄人。**　受人，指受人恩惠。畏人，指对别人有所畏惧。曾子说：“我听说，接受了别人赠送的东西，就怕得罪别人；而赠送别人东西的人则免不了会对人傲慢。”

这不就是“吃人家的嘴短，拿人家的手软”的意思嘛。

纵君有赐，不我骄也，我能勿畏乎？”　“纵然鲁君赠送我东西时，

没有对我表现出傲慢，但我心里对他能没有一点畏惧吗？”曾子其实还有话没有说，他的言外之意是：我如果接受了国君的封赠，就总觉得我欠着什么没还似的，心里不踏实。若哪天国君有不太道义的事情求我帮忙，那我帮还是不帮呢？若帮，我不道德；若不帮，显得无义。

终不受。 曾子最后还是没有接受鲁君的封赠。

曾子真是个有大智慧的人。

孔子闻之曰：“参之言，足以全其节也。” 曾子的老师孔子听说后，疯狂为曾子点赞。他说：“曾参的话，足以保全他的气节。”这是很高的一句评价。曾子也用实际行动诠释了君子的气节。

曾子活了七十一岁，在儒学发展史上占有重要的地位，后世尊其为“宗圣”，成为配享孔庙的四配之一，仅次于“复圣”颜渊。

翻译填空

曾子穿着（　　　）的衣服在地里耕种。鲁国的国君派使臣前往他那里，送给他一块（　　　）。说：“请用这块封地的收入，修饰一下您的（　　　）。”曾子没有接受，派来的使臣便返回了。不久后使者又来了，可曾子仍然没有接受。派来的人说：“先生不是有求于国君，完全是国君自愿（　　　）给您的，为什么不肯接受呢？”曾子说：“我听说过，接受了别人赠送的东西，就怕（　　　）人家；赠送别人东西的人免不了会对人（　　　）。纵然鲁君赠送我采邑，没有对我表现出傲慢，我能不怕他吗？”最后，还是没有接受。孔子知道了这件事，说：“曾参的话足以保全他的（　　　）。”

参考答案：破旧、封地、服装、封赠、得罪、傲慢、气节

写作一点通

作文选材——典型事例

选好材料，是写好作文的重要一步。当我们要写一个人物时，就要选择与他有关的典型事例。这篇文章在选择典型事例上可供我们参考。

- 典型事例
  - 能够揭示事物的本质 —— 表现曾子的君子气节
  - 具有强大说服力
    - 诱惑足够大：国君赠送采邑
    - 非功利性：非有求于人，人自献之
    - 再三拒绝：复往，又不受

思考探究

1. 从这件事中，能看出曾子是一个怎样的人？
2. 如果你是曾子，你会如何选择？为什么？

日积月累

孔子的气节

子曰：饭疏食，饮水，曲肱而枕之，乐亦在其中矣。不义而富且贵，于我如浮云。

【翻译】

孔子说："吃粗粮，喝清水，弯起胳膊当枕头，这其中也有着乐趣。而通过干不正当的事得来的富贵，对于我来说就像浮云一般。"

25 庄生梦蝶

古籍出处

战国·庄子《庄子·齐物论》

阅读背景

《庄子》一书分内篇、外篇、杂篇三部分。《齐物论》是《庄子·内篇》的第二篇。“齐物”多理解为“物齐”，即：宇宙间一切事物都应当同等看待，没有大小高低之分。庄子认为万物都是浑然一体的，并且在不断向其对立面转化，因而没有区别。庄子，名周，下文的“庄周”就是庄子。

原文诵读

xī zhě zhuāng zhōu mèng wéi hú dié
昔者，庄周梦为胡蝶①，

xǔ xǔ rán hú dié yě
栩栩然②胡蝶也，

zì yù shì zhì yú bù zhī zhōu yě
自喻③适志④与，不知周也。

é rán jué zé qù qù rán zhōu yě
俄然⑤觉⑥，则蘧蘧然⑦周也。

bù zhī zhōu zhī mèng wéi hú dié yú
不知周之梦为胡蝶与？

注释

①胡蝶：即蝴蝶，下文同。

②栩栩然：形容生动可爱的样子。

③喻：通“愉”，愉快。

④适志：合乎心意，心情愉快。

⑤俄然：突然。

⑥觉：醒来。

⑦蘧蘧然：情景清晰的样子。

hú dié zhī mèng wéi zhōu yú
胡蝶之梦为周与？

zhōu yǔ hú dié zé bì yǒu fēn yǐ
周与胡蝶，则必有分[8]矣。

cǐ zhī wèi wù huà
此之谓物化[9]。

⑧分：区别。

⑨物化：事物自身的变化。

趣读古文

不用破茧也能变蝴蝶

昔者， 很久很久以前，这是神话或故事常见的开头。**庄周梦为胡蝶，栩栩然胡蝶也，** 庄周做了一个梦，梦中他变成了一只蝴蝶，这只蝴蝶喜悦自得，生动活泼，自由自在地在花丛中起舞。

自喻适志与，不知周也。 适志，可解释为适合自己的心志。庄周觉得梦里蝴蝶的样子合乎自己的心志，感到愉快和惬意，完全忘记了是在梦中，也忘记了自己是庄周——一个受着世俗束缚，不会飞翔，不那么自由的人。看来，庄周的愿望是能够像蝴蝶一样自由自在啊。

这不就是"日有所思，夜有所梦"嘛。

正当庄周恣意享受着梦中的快乐时，**俄然觉，则蘧蘧然周也。** 他突然醒了过来，周围的一切渐渐清晰了起来。

有时我从美梦中突然醒来，看到现实的场景，会有一种空落落的感觉。

这就是蘧蘧然。

通过对周围的场景再次确认——熟悉的床榻，熟悉的房间，再摸摸自己，庄周确认了，哦，我是庄周，不是蝴蝶。梦里有多美好，现实就有多沮丧。

不知周之梦为胡蝶与？胡蝶之梦为周与？ 不知道是庄周做了一个梦，梦里变成蝴蝶呢，还是蝴蝶做了梦，梦中变成了庄周呢？

这还用说，肯定是庄周做梦变成了蝴蝶啊。

可庄周却认为：现在的自己为何不能是蝴蝶未醒的梦呢？

周与胡蝶，则必有分矣。 庄周与蝴蝶不属于同一物种，无论外表、行为动作等都相差甚远。但为什么在梦里，他们可以相互转化呢？**此之谓物化。** 这就是事物的交合变化呀。这就是庄子的“齐物”的思想。一切事物归根到底都是相同的，没有什么差别，蝴蝶可以是庄周，庄周也可以变成蝴蝶。

翻译填空

过去庄周梦见自己变成蝴蝶，很（　　）的一只蝴蝶，感到多么愉快和惬意啊!不知道自己原本是庄周。（　　）醒过来，周围的情景渐渐清晰，方知原来自己是庄周。不知是庄周梦中变成蝴蝶呢，还是蝴蝶梦中变成庄周呢？庄周与蝴蝶那必定是有（　　）的。这就是事物的交合与（　　）。

参考答案：生动活泼、突然间、区别、变化

思考探究

1. 你从这个故事里得到什么启发?
2. 你有做过一些愉快而奇特的梦吗？说说看。

日积月累

锦　瑟

[唐]李商隐

锦瑟无端五十弦，一弦一柱思华年。
庄生晓梦迷蝴蝶，望帝春心托杜鹃。
沧海月明珠有泪，蓝田日暖玉生烟。
此情可待成追忆？只是当时已惘然。

26 庄子与惠子游于濠梁之上

古籍出处

战国·庄子《庄子·秋水》

阅读背景

《秋水》是《庄子》中的又一长篇，用篇首的两个字作为篇名，由两部分组成：前一部分写北海海神跟河神的谈话，后一部分写了六个故事，每个故事自成一体，“庄子与惠子游于濠梁之上”就是其中一个。这篇文章记叙了庄子与惠子在濠水桥上游玩时进行的一场辩论。

原文诵读

庄子与惠子[1]游于濠梁[2]之上。庄子曰：“鲦鱼[3]出游从容[4]，是鱼之乐也。”惠子曰：“子[5]非鱼，安[6]知鱼之乐？”庄子曰：“子非我，安知我不知鱼之乐？”惠子

注释

[1] 惠子：战国时期诸子之一，庄子的好友。

[2] 濠梁：濠水上的桥。

[3] 鲦鱼：一种白色小鱼。

[4] 从容：悠闲自得。

[5] 子：你。古代对成年男子的尊称。

[6] 安：疑问代词。哪里，怎么。

yuē　wǒ fēi zǐ　gù　bù zhī zǐ yǐ　zǐ gù
曰：“我非子，固⑦不知子矣；子固
fēi yú yě　zǐ zhī bù zhī yú zhī lè　quán　yǐ
非鱼也，子之不知鱼之乐，全⑧矣！”
zhuāng zǐ yuē　qǐng xún qí běn　zǐ yuē
庄子曰：“请循其本⑨。子曰
rǔ ān zhī yú lè　yún zhě　jì yǐ zhī wú zhī
‘汝安知鱼乐’云者，既已知吾知
zhī ér wèn wǒ　wǒ zhī zhī háoshàng yě
之而问我。我知之濠上也。”

⑦固：本来。

⑧全：完全，完备。

⑨循其本：追溯话题本源。

趣读古文

史上最牛辩论赛

历史上最卓绝的“杠精”，非庄子与惠子莫属。他们两人，一个是战国时期宋国管漆园的小吏，一个是魏国的国相；一个是道家学派的代表人物之一，一个是名家学派的创始人和代表人物，这两个看似八竿子打不着的人，却是至交好友。

庄子与惠子游于濠梁之上。 有一天，庄子和惠子在濠水的桥上游玩儿。这地儿，大概山清水秀，风景优美。两人悠闲地看着桥下的鱼儿自由自在地游动，不仅有感而发。

庄子曰：“鲦鱼出游从容，是鱼之乐也。” 庄子说：“白鲦鱼在水里边游得多么悠闲自在，这是鱼儿的快乐呀。”

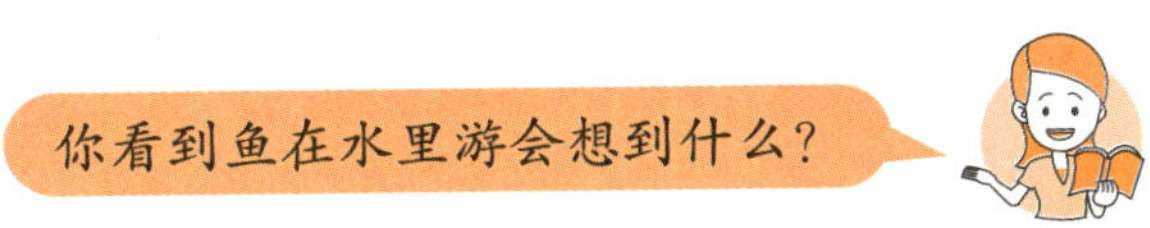

要是我的游泳技术能像鱼这么厉害就好了。

境由心生，你的心里想什么，你看外在事物就是什么。显然，庄子看到的、抒发的是自己的内心所想。此时，他很快乐，所见的鱼儿也是快乐的。

惠子曰："子非鱼，安知鱼之乐？" 第一回合的辩论开始了。惠子率先"发难"，他显然不赞同庄子的观点，说："你又不是鱼，怎么知道鱼是快乐的呢？"惠子主张看到什么，就客观描述什么。庄子注重内在精神，惠子倾向现实世界。惠子觉得，快乐是人精神上的感受，怎么能够施加到鱼的身上呢？

清·金廷标《庄子濠梁图》

面对质疑，庄子果断回击。**庄子曰："子非我，安知我不知鱼之乐？"** 庄子说："你又不是我，你怎么知道我不知道鱼儿的快乐呢？"庄子的意思是，我就是知道鱼儿游得很快乐，你怎么着吧。首局，一比一平。但是，如果照这个辩论的思路，这场辩论赛就没完没了了。

如果按照庄子的逻辑，你会怎么回答？

你又不是我，你怎么知道我不知道你不知道鱼儿的快乐呢？

但显然，惠子不擅诡辩。**惠子曰："我非子，固不知子矣；子固非鱼也，子之不知鱼之乐，全矣！"** 惠子说："是的，我不是你，本来就不知道你是否知道鱼的快乐；但是，你本来就不是鱼，你不知道鱼的快乐，这是可以完全确定的。”惠子采用了以退为进的方式，前半句，先肯定对方“固不知子矣”，后半句，惠子“以子之矛，陷子之盾”，抓住对方语言的漏洞，四两拨千斤——如果庄子觉得惠子不是他就不能了解他的内心所想，那么，庄子不是鱼，也一定不了解鱼的内心所想。

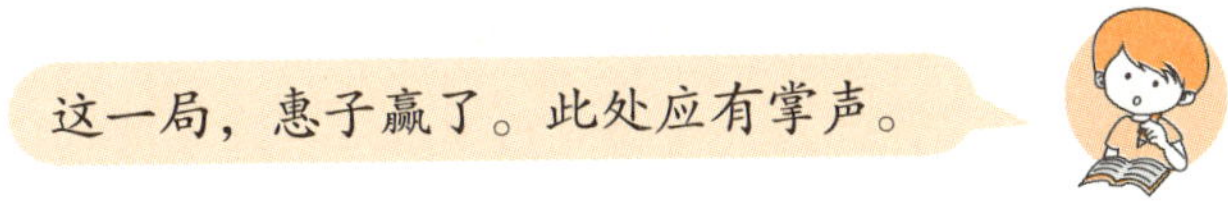

虽然第二回合惠子更胜一筹，但带有“主角光环”的庄子，怎能轻易认输呢？

庄子曰：“请循其本。子曰‘汝安知鱼乐’云者，既已知吾知之而问我。我知之濠上也。”　　庄子说：“请追溯话题的本源。你说‘你哪里知道鱼快乐’的话，你已经知道我知道鱼快乐而问我。我是在濠水的桥上知道的。”

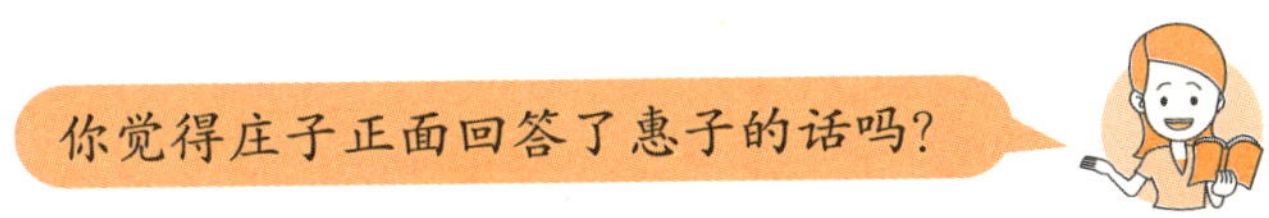

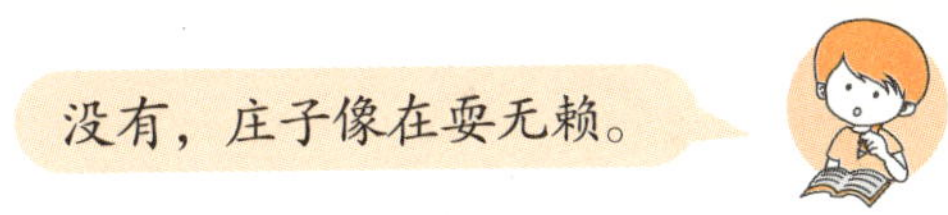

从表面上看，庄子用诡辩完胜惠子。实际上，这是一场不分输赢的辩论。这场辩论之所以千古流传，并不在于他们谁输谁赢，而是他们用这样一场辩论，为我们展现了春秋战国时期百家争鸣的胜景。你有你的观点，我有我的观点，我们可以相互批判，相互诘难，但是我们可以各抒己见，畅所欲言。就像庄子和惠子，就算他们互相不认同对方的观点，也不会影响他们是好朋友。

翻译填空

庄子和惠子一起在濠水的桥上（　　　）。庄子说：“鲦鱼在濠水中游得多么（　　　）自得，这是鱼的快乐啊。”惠子说：“你不是鱼，（　　　）知道鱼的快乐？”庄子说：“你不是我，怎么知道我不知道鱼的快乐？”惠子说：“我不是你，（　　　）不知道你是否知道鱼的快乐；你本来就不是鱼，你不知道鱼的快乐，这是可以完全确定的。”庄子说：“请（　　　）话题本源。你说‘你哪里知道鱼快乐’的话，你已经知道我知道鱼快乐而问我。我是在（　　　）的桥上知道的。”

参考答案：游玩、悠闲、怎么、本来、追溯、濠水

写作一点通

如何辩论

庄子与惠子的这场辩论，达到了哲学的高度。辩论可以提升人的思维能力。辩论要分出高下，便需要技巧的加持。生活中怎样更好地说服别人同意你的观点，就需要一些辩论技巧。

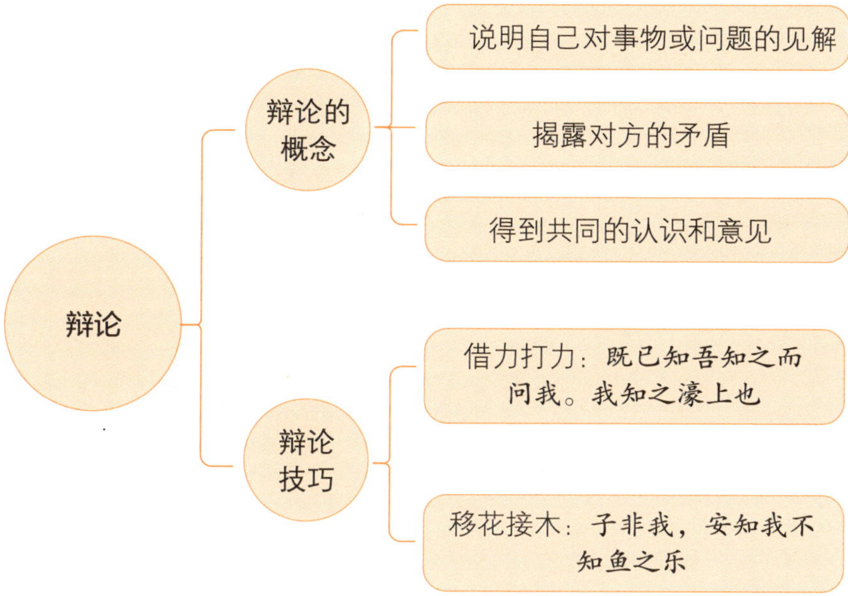

思考探究

1. 从两人的辩论中我们可以看到庄子与惠子思想、性格、气质等方面的差异，请试作分析。

2. 你认为谁在这场辩论中占据了上风呢？为什么？

日积月累

惠子（约前370—前310），战国时期宋国人，惠氏，名施。著名的政治家、哲学家，名家学派的开山鼻祖和主要代表人物，也是庄子的至交好友。

第5单元

哲理故事

27 上善若水

古籍出处

春秋·老子《道德经》

阅读背景

老子，姓李名耳，字聃(dān)。春秋晚期人。他是周王室的“图书管理员”，是孔子的老师，也是《西游记》里太上老君的原型。著有《道德经》。本文就选自《道德经》的第八章，以自然界的水来喻人、教人。

原文诵读

shàngshàn ruò shuǐ
上善①若水，

shuǐshàn lì wàn wù ér bù zhēng
水善②利万物而不争。

chǔzhòngrén zhī suǒ wù gù jī yú dào
处众人之所恶③，故几④于道。

jū shàn dì xīn shànyuān
居善地，心善渊⑤，

yǔ shànrén yánshàn xìn
与善仁，言善信⑥，

注释

①上善：最高尚的德行或品格。上，最。

②善：善于，能够。

③恶：厌恶。

④几：接近。

⑤渊：深，可容纳万物。

⑥信：守信用。

zhèngshàn zhì shì shàn néng dòngshàn shí
政善治，事善能，动善时[7]。

fū wéi bù zhēng gù wú yóu
夫唯[8]不争，故无尤[9]。

[7] 善时：顺应四时的变化。

[8] 唯：只有。

[9] 尤：过失。

趣读古文

什么是最高尚的品格

父母和老师从小教导我们，要做一个品格高尚的人，要善良。那么怎么样才能成为一个品格高尚的人呢？

学雷锋，做好事；路见不平拔刀相助；扶危济困……

当然，这都是善行，但是要达到最高尚，这还远远不够。

老子在《道德经》里借用水表达了他心目中最高尚的品格应该具有的特点。

上善若水。 上是最的意思，善在这里不是指善良，而是指好的品格。老子说，最高尚的品格应该像水一样。为什么呢？

水善利万物而不争， 水善于滋养万物却不与万物相争。水是万物之源，但你见过水与万物争先吗？所以，不争，应该是高尚品格的表现之一。

处众人之所恶， 水能够安然居于大家都厌恶的地方，没有任何怨言。而且，水还能把那些肮脏之地冲刷得干干净净。

你觉得哪些地方是肮脏之地？

臭水沟、下水道、马桶。

故几于道。 所以，水表现出来的这种特性，就几乎接近于“道”了。道是什么？《道德经》第一句就说“道可道，非常道。名可名，非常名”，对于什么是道，历代的文人学者有不同的理解，但是有一点是相通的，即道是智慧的顶峰。

下面的七点是上善的具体表现，宋代大文豪苏辙（就是苏轼的弟弟），将它们总结为水的七德。

居善地， 水善于选择合适的地形。水往低处流，也能保持谦下，不与他人争，就能避免祸端。所以，“避高趋下”是上善的第一个特点。

心善渊， 水如深渊般深邃，能够包容万物，容纳百川，有这样虚怀若谷的心，对于别人的批评与赞赏能够淡然处之，不自卑，不骄傲。“空虚静默”是上善的第二个特点。

与善仁， 水仁爱万物，润泽万物，滋养万物，却不求回报。与人交往时心胸开阔而善于忍让，是上善的第三个特点。

言善信， 水守信用。许下诺言，就要言而有信，是上善的第四个特点。

水守信用是什么意思？

古人发现水的运行是有规律和周期的，比如汛期和潮汐。古埃及人根据计算尼罗河泛滥的周期，制定出了太阳历，这是公历最早的源头。

政善治， 水能洗涤万物，能够自我洁净，对大自然的一切都不偏私且从来都是自我修复，污浊的河水蜿蜒流过山涧，又能清澈如初。这是上善的第五个特点。

事善能， 水没有固定的形状，它遇物赋形，能够灵活变通。什么事情都无法难倒水，这是一种能力，遇到阻碍，绕道而行；遇到山涧，倾泻而下。可以动如波涛汹涌；可以静如涓涓细流。办事随机应变，有条不紊，是上善的第六个特点。

动善时。 水能适时而变化，冬天结为冰，春天融化成水，能够随着动荡的趋势而动荡，随着静止的状况而安详静止。举动应时而变，有礼有节，是上善的第七个特点。

老子画像

夫唯不争，故无尤。 因为水不与万物相争，所以就不会招致怨怼，也能避免过失。不争，才是上善的核心啊。

翻译填空

最高尚的品格就像（　　），水善于滋润万物而不（　　）。水安然居住在众人所（　　）的低处，所以它的行为（　　）于道。善于选择合适的地形，心如（　　）包容万物，与人交往时心胸宽阔而善于忍让，说过的话就要（　　），为政顺道而善治，办事有条不紊，举动善于把握时机。因为它不与万物（　　），所以能够避免失误。

参考答案：水、争先、厌恶、接近、深渊、守信、相争

写作一点通

如何借物来喻理

借物喻理，就是通过一个事物说明一个道理。借的“物”，常是生活中常见的，比如这篇文章中的水。老子从不同的角度，从水的特性出发，发散出丰富的哲理。

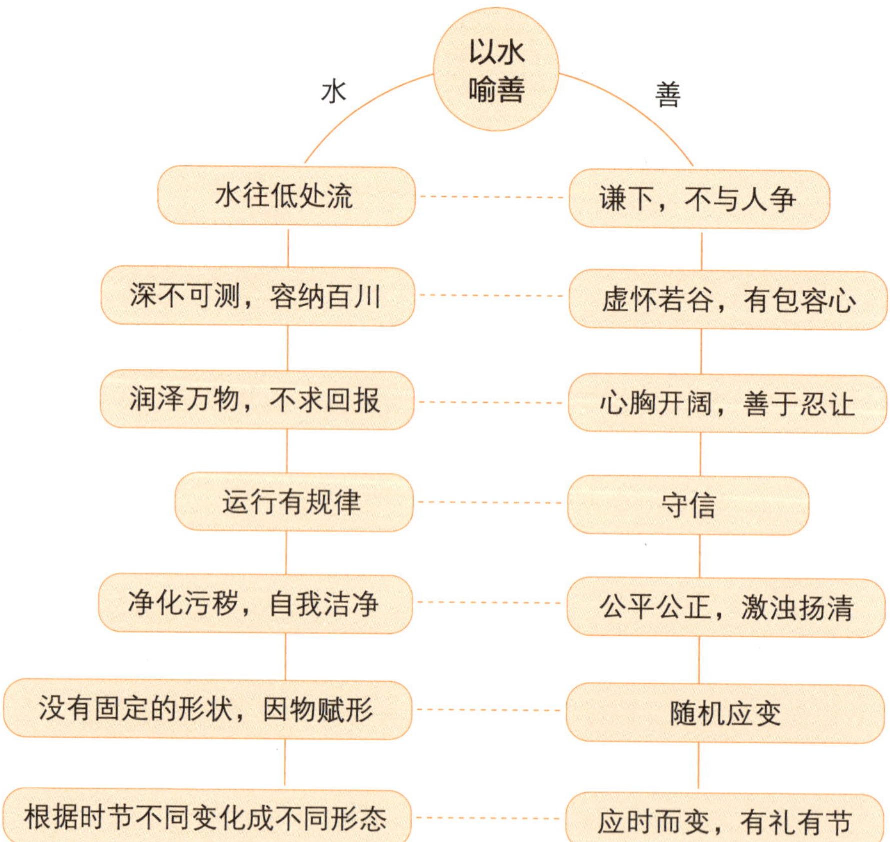

思考探究

1. 你还知道哪些与水有关的成语？

2. 你知道老子的哪些故事？说说看。

日积月累

1.了解一个典故

老子犹龙：这是孔子见过老子之后对老子的评价。意思是老子像龙一样无法捉摸，深不可测。

2.认识几个与水有关的成语

【水滴石穿】水不停地滴，石头也能被滴穿。比喻只要有恒心，不断努力，事情就一定能成功。

【水到渠成】水流到的地方自然形成一条水道。比喻条件成熟，事情自然会成功。

【流水不腐，户枢不蠹】户枢：门转轴；蠹：虫蛀。流动的水不会发臭，转动的门轴不会腐烂。比喻经常运动的东西不易受到外物的侵蚀。

28 与善人居

古籍出处

《孔子家语》

阅读背景

《孔子家语》又名《孔氏家语》，是一部记录孔子及孔门弟子思想言行的著作，为孔子门人所撰，共44篇。本文的背景大概是孔子晚年时，已觉自己时日不多，对弟子们的规劝。

原文诵读

kǒng zǐ yuē yǔ shàn rén jū rú rù
孔子曰：与善人居①，如②入

zhī lán zhī shì jiǔ ér bù wén qí xiāng jí yǔ zhī
芝兰之室③，久而不闻其香，即与之

huà yǐ yǔ bú shàn rén jū rú rù bào yú zhī
化④矣。与不善人居，如入鲍鱼之

sì jiǔ ér bù wén qí chòu yì yǔ zhī huà yǐ
肆⑤，久而不闻其臭，亦与之化矣。

注释

①与善人居：和品德高尚的人相处。

②如：好像。

③芝兰之室：芝和兰是两种香草，用来比喻良好的环境。

④化：同化。

⑤鲍鱼之肆：鲍鱼，即渍鱼，有腥臭。比喻小人集聚的地方。

dān zhī suǒ cáng zhě chì qī zhī suǒ cáng zhě 丹⑥之所藏者赤，漆⑦之所藏者 hēi shì yǐ jūn zǐ bì shèn qí suǒ chǔ zhě yān 黑，是以⑧君子必慎⑨其所处者焉。	⑥丹：一种红色矿物。 ⑦漆：墨漆。 ⑧是以：所以，因此。 ⑨慎：谨慎。

趣读古文

近朱者赤，近墨者黑

这篇文章前面还有一段，是孔子与曾子的对话，大意是这样的——

孔子说：“我死之后，子夏会比以前更有进步，而子贡会比以前有所退步。”曾子问：“为什么呢？”孔子说：“子夏喜爱同比自己贤明的人在一起，所以他的道德修养将日渐提高；子贡喜欢同才智比不上自己的人相处，因此他的道德修养将日渐丧失。”

孔子曰：与善人居，如入芝兰之室， 善人，不是善良的人，而是有道德的人。居，本义是蹲着、闲坐，如果你经常与某人闲坐，就可以叫作相处。和品德高尚的人相处，就好像进入了摆满香草的房间，芬芳扑面而来。孔子爱兰，处处为兰花“做广告”，孔子称兰花有“王者之香”，他还说过“芝兰生于幽谷，不以无人而不芳；君子修道立德，不为困穷而改节”。兰，后来成了君子品格的代表。**久而不闻其香，即与之化矣。** 久而久之，就闻不到香草的香味了，这是因为自己和香味融为一体了。“化”字传神。冰化为水，是悄无声息的；香气钻进身体，也是悄无声息的。优秀的品德也会“化”，会悄无声息地融进我们的性格。

与不善人居，如入鲍鱼之肆，久而不闻其臭，亦与之化矣。 与品格低下的人相处，就像进入了卖渍鱼的店铺，刚进去会觉得满是腥臭，但是待久了之后，你就闻不到腥臭味了，因为你也与这腥臭味融为一体了。

鲍鱼是我爱吃的鲍鱼饭里的鲍鱼吗?

不是。那时候还没有鲍鱼。这里的鲍鱼是指腌渍的鱼。古时无冰箱，为了把鱼保存更久，多用盐腌制，晾干后，可食用很久，现在南方很多地方依然有这样的工艺，但腌渍的鱼会有腥臭味。

对比之下，你更愿意待在哪儿？是芬芳的芝兰之室，还是腥臭的鲍鱼之肆？不言而喻，大家都愿意选择芬芳的芝兰之室（吃货除外）。

丹之所藏者赤，漆之所藏者黑， 藏丹的地方时间长了会变红，藏漆的地方时间长了会变黑。丹的本义指朱砂。朱砂是一种红色的矿物，古时常用朱砂作绘画颜料，也可入药；道家也用它炼丹。

漆不是五颜六色的吗？怎么会是黑的?

这里指的应该是生漆，是树上采割下来的天然汁液，呈乳白色，见空气氧化后呈棕红色，稍厚一点即近黑色，可以说黑是漆的常态。

是以君子必慎其所处者焉。 君子是指有道德修养的人，因此有道德修养的人必须谨慎选择相交的朋友和所处的环境。因此也衍生出我们后世几千年的处世哲学，如“近朱者赤，近墨者黑”“蓬生麻中，不扶而直”等。

翻译填空

孔子说：和（　　　）的人相处，就好像进入了摆满香草的房间，久而久之就闻不到香草的香味了，这是因为自己和香味（　　　）了；和（　　　）的人相处，就像进入了卖腌鱼的店铺，久而久之就闻不到咸鱼的臭味了，这也是因为自己与臭味融为一体了。藏（　　　）的地方就是红色的，藏有（　　　）的地方就是黑色的，因此有道德修养的人必须谨慎选择相处的朋友和环境 。

参考答案：品德高尚、融为一体、品行低劣、朱砂、黑漆

写作一点通

修辞的魅力——比喻

修辞，本义是修饰言论。简单来说，就是给你的语言打扮、美容。修辞可以增强语言的表达效果。常见的修辞手法有比喻、拟人、夸张、排比、反复、对偶等，这篇文章就大量运用了比喻的修辞手法。比喻也叫“打比方”，即抓住两种不同性质的事物的相似点，使用一事物来比方另一事物的一种修辞方法。“与善人居，如入芝兰之室”“与不善人居，如入鲍鱼之肆”就是两个极好的比喻句。

思考探究

1. 你还知道哪些表示环境影响性格的成语或俗语？说说看。

2. “与善人居，如入芝兰之室”“与不善人居，如入鲍鱼之肆”这两个句子修辞用得极好，你能仿照写出几个吗？

日积月累

花中四君子——梅、兰、竹、菊

梅：清丽淡雅、芳香袭人，具有傲霜凌寒的特征。

兰：色淡香清，生于幽僻之处，故常被看作谦谦君子的象征。

竹：刚直、谦逊，不亢不卑，潇洒处世，常被看作不同流俗的高雅之士的象征。

菊：美丽绝俗，却不与群芳争艳，故常被用来象征恬然自处、傲然不屈、与世无争的高尚品格。

29 舍生取义

古籍出处

战国·孟子《孟子·告子上》

阅读背景

孟子，名轲，儒家学派的代表人物，有“亚圣”之称。《孟子》一书记录了孟子与其他各家思想的争辩、对弟子的言传身教、游说诸侯等内容，由孟子及其弟子共同编撰而成。南宋时朱熹将《孟子》与《论语》《大学》《中庸》合在一起称“四书”。《告子》是《孟子》书中的篇目，分上、下两篇。孟子与告子都是战国时人，这一章主要记载了他们关于人性是善还是不善的辩论。本文为节选。

原文诵读

yú　wǒ suǒ yù　yě
鱼，我所欲①也；

xióng zhǎng　yì wǒ suǒ yù yě
熊掌，亦我所欲也。

èr zhě bù kě dé jiān
二者不可得兼②，

shě　yú ér qǔ　xióng zhǎng zhě yě
舍③鱼而取④熊掌者也。

注释

①欲：想要的。

②得兼：两种东西都得到。

③舍：舍弃。

④取：选取。

shēng　yì　wǒ suǒ yù yě
生，亦⑤我所欲也；

yì　yì wǒ suǒ yù yě
义，亦我所欲也。

èr zhě bù kě dé jiān
二者不可得兼，

shě shēng ér qǔ yì zhě yě
舍生而取义者也。

⑤亦：也，也是。

趣读古文

鱼和熊掌如何选择

孟子和告子的这场关于人性善恶的辩论，直到今天都没有答案。孟子认为，人性是向善的。而告子却认为，人天生既不是善的，也不是恶的，就像水一样，东边有缺口就往东边流，西边有缺口就往西边流，并没有什么天生的趋向。因此，两人一个持“性善论”，一个持“人性无善无恶论”，展开了激烈的争辩。

孟子认为，人光有善心是不够的，还要付诸行动。但人都有弱点，如：鱼，我所欲也；熊掌，亦我所欲也。　鱼是我喜欢吃的，熊掌也是我喜欢吃的。为什么用鱼和熊掌来比喻呢？因为在古代，鱼和熊掌都是珍贵的食材，也是美味的极致。这么好的东西，如果二者不可得兼，　怎么办？我们在生活中也常常遇到“鱼和熊掌”的选择难题。这个也想要，那个也想要，但世界上很难会有两全其美的事。

我想要门门功课都得第一，我也想天天大玩特玩。

舍鱼而取熊掌者也。　如果两样不能全部得到，只能选择一个，舍弃一个。舍哪个，取哪个呢？舍掉鱼，因为相比之下，鱼是相对容易得到的；选择熊掌，因为熊掌是更加珍贵难得的。

鱼和熊掌二选一还是比较容易的。但是，如果把鱼和熊掌换成生命和正义，你还会这么容易做选择吗？

生，亦我所欲也；义，亦我所欲也。　生命是我想拥有的，正义也是我想拥有的。但生命只有一次，不可再生，也没有重选一次的机会。如果二者不可得兼，　那又该怎么办呢？

而孟子却坚定地给出了答案：舍生而取义者也。　当生命和正义不能够全部拥有的时候，就舍弃生命而坚持正义。从中也可以看出孟子大义凛然的性格和气概。孟子所颂扬的“舍生取义”的精神，也对后世产生了良好的影响。苏武牧羊、文天祥宁死不降、谭嗣同宁可被砍头也要坚持变法思想，这一代代的仁人志士，舍弃了“生”，选择了“义”，让中华民族精神生生不息。

翻译填空

孟子说：鱼是我（　　）吃的，熊掌也是我喜欢吃的；如果不能（　　）都吃，我就（　　）鱼而吃熊掌。生命是我想拥有的，（　　）也是我想拥有的；如果不能两样都拥有，我就舍弃生命而坚持正义。

参考答案：喜欢、两样、舍弃、正义

写作一点通

如何让观点更清晰

用浅显易懂的语言，说明深刻的道理，这并不是一件容易的事。这篇小古文为我们提供了独特的视角。

思考探究

1. “舍生而取义”中的“义”含义丰富，你心中的义是什么呢？

2. 你还知道哪些舍生取义的故事？

日积月累

1.认识一个成语

【舍生取义】原义是舍弃生命而选择正义。后指为了维护正义而牺牲生命。

2.孟子的名言名句

鱼和熊掌不可得兼。

生于忧患而死于安乐。

富贵不能淫，贫贱不能移，威武不能屈。

仁者无敌。

得道者多助，失道者寡助。

老吾老，以及人之老；幼吾幼，以及人之幼。

不以规矩，不能成方圆。

30 歧路亡羊

古籍出处

战国·列子《列子·说符》

阅读背景

列子名御寇，战国时期郑国人，是老子和庄子之外的又一位道家学派代表人物，主张清静无为。《列子》，又名《冲虚经》，是战国早期列子、列子的弟子以及其后学所著。《列子》中有很多寓言，《两小儿辩日》《杞人忧天》《愚公移山》《余音绕梁》《高山流水》等都出自《列子》。

原文诵读

yáng zǐ zhī lín rén wáng yáng jì shuài qí dǎng yòu qǐng yáng zǐ zhī shù zhuī zhī

杨子[1]之邻人亡[2]羊，既[3]率[4]其党[5]，又请杨子之竖[6]追之。

yáng zǐ yuē xī wáng yì yáng hé zhuī zhě zhī zhòng

杨子曰："嘻！亡一羊，何[7]追者之众？"

lín rén yuē duō qí lù

邻人曰："多歧路[8]。"

注释

1 杨子：对战国时期哲学家杨朱的尊称。

2 亡：丢失。

3 既：不久。

4 率：率领，带领。

5 党：此指亲族。

6 竖：童仆。

7 何：为什么。

8 歧路：岔路，小道。

jì fǎn　　wèn　　huòyáng hū
既反[9]，问：“获羊乎？”

yuē　　wáng zhī yǐ
曰：“亡之矣。”

yuē　　xī　　wáng zhī
曰：“奚[10]亡之？”

yuē　　qí lù zhī zhōng yòu yǒu qí yān　　wú
曰：“歧路之中又有歧焉，吾

bù zhī suǒ zhī　　suǒ yǐ fǎn yě
不知所之[11]，所以反也。”

yáng zǐ qī rán　　biàn róng　　bù yán zhě yí
杨子戚然[12]变容，不言者移

shí　　bú xiào zhě jìng rì
时[13]，不笑者竟日[14]。

[9] 既反：已经返回。既，已经；反，通“返”，返回。

[10] 奚：为什么。

[11] 之：动词，往，到……去。

[12] 戚然：忧伤的样子。

[13] 移时：一段时间。

[14] 竟日：一整天。

趣读古文

一条路走到黑也是一种智慧

杨子，即杨朱，战国时期魏国人，先秦著名的思想家、哲学家。他开创了杨朱学派，反对儒家和墨家，尤其反对墨子的“兼爱”，主张“贵生”“重己”，重视个人生命的保存，反对他人对自己的侵夺，也反对自己对他人的侵夺。当时，杨朱名声很大，很多人慕名而来，在他门下学习。

杨子之邻人亡羊，既率其党，又请杨子之竖追之。　“亡羊”就是丢失了羊的意思，成语“亡羊补牢”用的就是这个意思。杨朱的邻居家丢失了一只羊，这位邻居已经带领了他的家属亲友一众人去追寻，怕人手不够，又请求杨朱派童仆一起追羊。

一只羊而已，用得着这么兴师动众吗？

因为古代一只羊对于一个农人家庭来说，极其珍贵。在先秦，羊的地位很高，是“六畜”之一，羊和猪、牛并称“大牢”，是只有君主和贵族才有资格享用的美食。

这里的竖是童仆的意思，“竖”还指代宫中的奴隶。所以后来骂人时常说对方是“竖子”。

杨子曰：“嘻！亡一羊，何追者之众？” 杨朱问道：“嘻！丢了一只羊，为什么要这么多人去追呢？”这个“嘻”字，体现出杨朱不以为然的态度。看来，杨朱也和我们一样，不养羊不知道羊贵重啊！他也不明白寻羊的艰难。照今天的话说，杨朱有点“不食人间烟火”。

邻人曰：“多歧路。” 邻居说：“岔路太多了。”所以需要很多人手。在先秦，人们住得没有我们今天这么密集，住所周围大多是田野，大路很少，多是纵横交错的小道。

既反，问：“获羊乎？”曰：“亡之矣。” “获”是获得、找到的意思。追羊的人回来后，杨朱问邻居：“找到羊了吗？”邻居回答说：“没有追到，还是让它跑掉了。”

啊？这么多人追还让羊跑掉了，这只羊是长了飞毛腿吗？

杨朱跟我们一样，感到不解。**曰：“奚亡之？”** 他问道：“为什么会让它跑掉呢？”

曰：“歧路之中又有歧焉，吾不知所之，所以反也。” 邻居回答说：“岔路之中又有岔路，我们不知道该往哪条路上追，所以只好回来了。”没有好的方法指导，人多未必力量大啊。

杨子戚然变容，不言者移时，不笑者竟日。 杨朱听了以后，脸色立刻就变了，看起来很难过，很长时间都不说话，从早到晚的没有笑容。

如果这群人只顺着一条道追羊，那找到羊和找不到羊的概率都是50%，但是他们看到岔路太多，就迷茫了，就知难而退了，这样肯定就找不到羊了。

人生的选择太多，就像寻羊遇到的岔路一样，会很容易迷失方向。这个道理同样适用于学习。我们要有明确的目标，否则知识学得太多太杂，每样都知道一点却每样都不精通。这就是为什么上大学后要分专业的原因。真是“大道以多歧亡羊，学者以多方丧生”啊！

所以，找准方向，一条道走到黑，也是一种智慧。

翻译填空

杨朱的邻居丢失了一只羊，他带领了他的（　　　）等人去追寻，又请求杨朱派（　　　）帮忙一起追寻。杨朱问道：“嘻！丢了一只羊，为什么要这么多人去追呢？”邻居回答说：“岔路太多了。”

追羊的人回来后，杨朱问邻居：“（　　　）羊了吗？”邻居回答说：“没有追到，还是让它跑掉了。”杨朱问：“（　　　）会让它跑掉呢？”邻居回答说：“（　　　）之中又有岔路，我们不知道它到底从哪条路上跑了，所以只好回来了。”杨朱听了，脸色变得很忧伤，很长时间不说话，（　　　）没有笑容。

参考答案：家属亲友、童仆、找到、为什么、岔路、整天

写作一点通

语言的魅力——简洁精炼

这篇小古文主要运用了语言描写刻画了杨朱的形象。语言描写是通过对人物对话、独白及语气的描写，以表现人物身份、思想、感情和性格的写作方法。在细节上，这篇小古文只通过杨朱和邻居的对话，就让我们了解了故事的全貌，明白了道理。

- 语言描写
  - 表现人物性格 —— 杨子曰：“嘻！亡一羊，何追者之众？”表现了杨子的不屑一顾
  - 推动故事情节的发展 —— 杨子发现邻居回来问道：“奚亡之？”邻居说：“歧路之中又有歧焉，吾不知所之，所以反也。”展现了故事发展的过程

思考探究

1. 这篇小古文告诉了我们一个什么道理？
2. 如果是你，能把邻人的羊找回来吗？说说你的方法。

日积月累

大道以多歧亡羊，学者以多方丧生。

意思是：大路上有很多的岔路，所以找不到羊；读书人如果没有正确的方向，就会误入歧途。

31 杨布打狗

古籍出处

战国·列子《列子·说符》

阅读背景

杨布是战国时期魏国人，是著名思想家杨朱的弟弟。杨布的思想与杨朱相近，但远没有杨朱有名。

原文诵读

yáng zhū zhī dì yuē bù, yì sù yī ér chū, tiān yù, jiě sù yī, yì zī yī ér fǎn.
杨朱之弟曰布，衣①素衣②而出，天雨③，解素衣，衣缁衣④而反。

qí gǒu bù zhī, yíng ér fèi zhī.
其狗不知，迎而吠⑤之。

yáng bù nù, jiāng pū zhī.
杨布怒，将⑥扑之。

yáng zhū yuē: zǐ wú pū yǐ, zǐ yì yóu shì yě.
杨朱曰："子无⑦扑矣，子亦犹是⑧也。

注释

①衣：动词，穿衣。

②素衣：白色的衣服。素，白色。

③雨：动词，下雨。

④缁衣：黑色的衣服。

⑤吠：（狗）大叫。

⑥将：打算。

⑦无：同"毋"，不，不要。

⑧犹是：像这样。是，这样。

xiàng zhě shǐ rǔ gǒu bái ér wǎng hēi ér
向者[9]使[10]汝狗白而往，黑而

lái qǐ néng wú guài zāi
来，岂能无怪[11]哉？”

[9] 向者：刚才。

[10] 使：假使，假若。

[11] 怪：以……为怪。

趣读古文

换位思考很重要

杨朱之弟曰布，衣素衣而出， 杨朱的弟弟叫杨布，他穿着件白色的衣服出门去。这里的第一个“衣”是名词活用作动词，意思是穿衣。这种用法在古汉语中常见，但今天已不常用。第二个衣是指衣服。

名词的活用是指名词在一定的语言环境中临时改变词性，作为其他类别的词使用。

天雨，解素衣，衣缁衣而反。 “雨”也是名词活用作动词，是下雨的意思。天上下起了雨，杨布就脱下了白色的衣服，穿上了黑色的衣服回家。这里的“素”是白色的意思，那么“素”和“白色”是怎么扯上关系的呢？素，本义为没有染色的丝绢，后引申出白色。

其狗不知，迎而吠之。 他家的狗没认出来是杨布，就冲上前朝他大叫。一般来说，狗只会朝陌生人大叫。**杨布怒，将扑之。** 杨布十分生气，心想这狗不打不长记性，正准备撸起袖子来打狗。

换我我也有气，连主人都认不出来，真是条傻狗！

杨朱曰："子无扑矣，子亦犹是也。　这时，哥哥杨朱慢悠悠地开口阻止了他："你不要打狗，如果换做是你，你也会像它这样做的。"说到这儿，杨布大概是不能理解的，人能和狗一样吗？

向者使汝狗白而往，黑而来，岂能无怪哉？"

"向"的本义是房屋北面的窗子，这个意义现在已经没有了，后来又引申为面对，朝着；又引申为从前、往昔，再引申为刚才。

杨朱继续说："假如刚才你的狗离开时是白色的而回来就变成了黑色的，你怎会不感到奇怪呢？"言外之意，狗是不对，你自己也有错不是？如果刚才杨布真的打了狗，反而激化了矛盾，也不利于问题的解决。如果能先反思自己的行为，就不会如此生气地想暴揍狗了。对狗如此，对人也是这样。遭到别人不友好的对待，应设身处地，反躬自问，不应一味责怪别人。学会换位思考，就会平和很多。

翻译填空

杨朱的弟弟叫杨布，他（　　　）件（　　　）的衣服出门去了。遇到了大雨，杨布便脱下白衣，换了（　　　）的衣服回家。他家的狗没认出来是杨布，就迎上前冲他（　　　）。杨布十分生气，正准备打狗。在这时，杨朱说："你不要打狗，如果换做是你，你也会像它这样做的。（　　　）刚才你的狗离开时是白色的而回来就变成了黑色的，你怎会不感到（　　　）呢？"

参考答案：穿着、白色、黑色、叫、假如、奇怪

写作一点通

想象类写作——换位思考法

六年级上册第一单元有一个这样的要求：如果你有一个机会，把自己变成一种植物，会发生什么呢？这就需要用换位思考法展开写作。从不同的角度出发，就会有不同的言行和观点。这篇文章可以作为换位思考写作的一个范例。

思考探究

1. 你觉得文中的狗傻吗？为什么？

2. 读了这则故事，你明白了一个什么道理？

32 响遏行云

古籍出处

战国·列子《列子·汤问》

阅读背景

这也是来自《列子》里的一则故事，成语“响遏行云”就出自这里。

原文诵读

xuē tán xué ōu yú qín qīng wèi qióng qīng
薛谭[1]学讴[2]于秦青，未穷[3]青

zhī jì zì wèi jìn zhī suì cí guī
之技，自谓尽之，遂[4]辞归。

qín qīng fú zhǐ jiàn yú jiāo qú fǔ
秦青弗止[5]，饯[6]于郊衢[7]，抚

jié bēi gē shēng zhèn lín mù xiǎng è xíng yún
节[8]悲歌，声振林木，响遏[9]行云。

xuē tán nǎi xiè qiú fǎn zhōng shēn bù gǎn
薛谭乃谢[10]求反，终身不敢

yán guī
言归。

注释

1. 薛谭、秦青：古代传说中秦国的两名善歌的人。
2. 讴：唱歌。
3. 穷：尽，完。
4. 遂：于是。
5. 弗止：没有劝阻。
6. 饯：用酒肉等送行。
7. 衢：大道。
8. 抚节：打着节拍。
9. 遏：阻止。
10. 谢：认错，道歉。

趣读古文

学无止境

薛谭学讴于秦青， 薛谭和秦青都是古代传说中的人物，擅长唱歌。讴，指不用乐器伴奏的唱歌，后引申为歌颂，比如讴歌。

未穷青之技，自谓尽之，遂辞归。 薛谭还没有学完秦青的歌唱技艺，就自认为已经学完了，于是就向秦青辞行。

你怎么看待薛谭的这种行为？

他太容易自我满足了。作为学生，要“学而不厌”。

很多人也跟薛谭一样，容易自我满足。但薛谭实在是不了解自己的老师。学生没有学完就执意要走，老师秦青会怎么做呢？

秦青弗止，饯于郊衢， 尽管秦青觉得薛谭天分极高，放弃学习有些可惜，但他什么都没有说，既没有生气，也没有劝阻挽留，而是在城外的大道旁设宴给薛谭饯行，可以说是仁至义尽了。郊衢，指郊外的大路。

为什么在郊外饯行而不在学馆内？

古代的饯行之礼必须在郊外举行。首先要设置一个简易的神坛来祭祀路神。可以用祭牲，也可以用酒脯。然后，众人在神坛一侧饮酒，为远行之人送别。

送君千里，终须一别。尽管惋惜，尽管不舍，还是用歌声送别吧！

抚节悲歌，声振林木，响遏行云。 秦青敲起拍板，慷慨悲歌，响亮的歌声振动了林木，直冲云霄，竟把飘动的浮云都止住了。本来，薛谭觉得老师也不过如此。此声一出，才觉自己才疏学浅。原来，这才是秦青真实的实力。

秦青真是“人狠话不多”啊！

语言在真正的实力面前是苍白的。

薛谭乃谢求反，终身不敢言归。　薛谭被秦青真实的实力震慑住了。于是，他先跟秦青道歉，然后请求回到秦青那里，继续跟他学习，从此再也不敢提回家的事。

翻译填空

薛谭向秦青学习（　　　），还没有（　　　）秦青的技艺，就以为学尽了，（　　　）就告辞回家。秦青没有劝阻他，在城外（　　　）旁给薛谭饯行，秦青打着节拍，慷慨悲歌，歌声振动了林木，那响亮的歌声（　　　）了行云。于是薛谭向秦青（　　　），请求回来继续学习。从此以后，他一辈子也不敢再说要回家。

参考答案：唱歌、学完、于是、大道、止住、道歉

写作一点通

如何描写声音

声音，无形、无色、无味，难以用文字去描摹。

可是，优秀的作家，却能用他们的生花妙笔去描绘声音，并能让读者如临其境、如闻其声，让人感叹语言的神奇。这篇小古文是描写声音的一个范例，古文里，此类的范例还有很多。

如何描写声音			
	巧模拟，惟妙惟肖	不闻爷娘唤女声，但闻黄河流水鸣溅溅	描写水声
	妙比喻，生动形象	嘈嘈切切错杂弹，大珠小珠落玉盘	描写琵琶声
	用移情，声情并茂	抚节悲歌，声振林木	描写歌声
	融想象，意境丰富	谁家玉笛暗飞声，散入春风满洛城	描写笛声

思考探究

1. 根据你的理解，说说“响遏行云”的意思。
2. 如果你是秦青，会直接挽留薛谭吗？为什么？

日积月累

认识几个形容音乐美的成语

【响遏行云】形容歌声响亮，高入云霄，把流动着的云也阻住了。

【余音绕梁】余音：指歌唱结束后好像还留在耳边的声音；绕梁：绕着屋梁，形容歌声久留不散。形容歌声优美动听，给人留下深刻的印象。

这个成语也出自《列子·汤问》，讲的是韩娥的故事。从前韩娥东去齐国，路上粮食吃完了，路过雍门时，就靠卖唱来换取食物。她走了以后“余音绕梁欐，三日不绝”。

33 呆若木鸡

古籍出处

战国·庄子《庄子·达生》

阅读背景

“达生”，就是通达生命的意思。《庄子·达生》一共写了12个小故事，“纪渻子养斗鸡”就是其中之一。这篇文章借养斗鸡的故事比喻说明凝神养气的方法。题目为编者所加。

原文诵读

jǐ shěng zǐ wèi wáng yǎng dòu jī
纪渻子[1]为王[2]养斗鸡。

shí rì ér wèn jī yǐ hū
十日而问：“鸡已乎[3]？”

yuē wèi yě fāng xū jiāo ér shì qì
曰：“未也。方[4]虚骄而恃气[5]。”

shí rì yòu wèn yuē wèi yě yóu yìng xiǎng jǐng
十日又问，曰：“未也，犹应[6]响景。”

shí rì yòu wèn yuē wèi yě yóu jí shì
十日又问，曰：“未也，犹疾视[7]

注释

[1] 纪渻子：一个训鸡高手的名字。

[2] 王：指周宣王。

[3] 鸡已乎：鸡训练好了吗？已，结束、完毕。

[4] 方：还。

[5] 恃气：凭着意气、自负。

[6] 应：对……反应。

[7] 疾视：目光犀利。

ér shèng qì
而盛气⑧。”

shí rì yòu wèn yuē jī yǐ jī suī yǒu
十日又问，曰：“几矣。鸡虽有

míng zhě yǐ wú biàn yǐ wàng zhī sì mù jī yǐ
鸣者，已无变矣，望之似木鸡矣，

qí dé quán yǐ yì jī wú gǎn yìng zhě fǎn
其德⑨全矣，异鸡⑩无敢应者，反

zǒu yǐ
走⑪矣。”

⑧盛气：骄傲蛮横的样子。

⑨德：德行，品质。

⑩异鸡：其他的鸡。

⑪反走：返回逃走，指落荒而逃。反，通“返”，返回。

趣读古文

呆若木鸡其实是夸赞别人的

看到一个反应迟钝、呆头呆脑的人，人们就会想到一个成语——呆若木鸡。在《成语大词典》里，呆若木鸡是这样解释的：呆得像木雕的鸡一样。形容因恐惧、惊讶或困惑而发愣的样子。按照这个解释，呆若木鸡是个不折不扣的贬义词。实际上，呆若木鸡原来是个褒义词，比喻看着呆却有很强的战斗力，后来才演变为贬义词。

纪渻子为王养斗鸡。 纪渻子，齐国人，是位知名的驯鸡能手。王，指的是周宣王姬静，他是个好大喜功的君主。周宣王有一个特殊的爱好——斗鸡。他让侍从们养了不少精壮矫健的公鸡，退朝以后经常看斗鸡取乐。时间一久，他发现无论哪只勇猛善斗的鸡都没有常胜不败的，因而心里总感到不满足。宣王听说齐国的纪渻子是位驯鸡能手，就派人把他请到镐京（西周都城），要他尽快训练出一只常胜不败的斗鸡来。

呃呃，斗鸡，是跟“吃鸡”一样火的游戏吗？

斗鸡有2800多年的历史，斗鸡之风在春秋时期已较盛行。当时的流行程度，一点也不亚于今天的“吃鸡”游戏。

十日而问：“鸡已乎？”　十天以后，性急的宣王就等不及了，叫人去问纪渻子：“鸡训练好了吗？”

曰：“未也。方虚骄而恃气。”　纪渻子说：“还没有，它还非常骄傲自负，凭着意气行事。”不懂斗鸡的我们会想，这不正是斗鸡该有的气势吗？但“专家”说不行，就只好等。

十日又问，曰：“未也，犹应响景。”　过了十天，宣王又派人来问。纪渻子说：“还不行，它听见其他鸡的声音，看见其他鸡接近，还是有反应。”所以，斗鸡还未训练成。

十日又问，　又过了十天，宣王实在等得不耐烦了，又来催问纪渻子斗鸡训练的情况。**曰：“未也，犹疾视而盛气。”**　纪渻子不慌不忙地说：“还不行，这鸡的目光还是过于锐利，总是气势汹汹地看着对方。”

为什么呢？斗鸡不就应该勇猛善斗吗？

宣王养的那些勇猛善斗的鸡，有哪一只能常胜不败呢？

经过了三轮的催问，纪渻子还能保持稳定和冷静，可谓专业素养和心理素质俱佳，大概也只有他能镇住有“斗鸡瘾”的周宣王啦！

十日又问，曰：“几矣。鸡虽有鸣者，已无变矣，望之似木鸡矣，其德全矣，异鸡无敢应者，反走矣。”　又过了十天，宣王又来问。估计这回再不行的话，宣王杀了纪渻子的心都有。好在纪渻子终于给出了肯定的答复：“差不多可以了，这只鸡听到其他鸡的叫声，已经毫无反应了，看上去就像木鸡一样。”

这不是把好好的斗鸡给训傻了吗？

“斗鸡专家”自有玄妙之处。

纪渻子接着说：“卓越斗鸡所具备的德行，它已经都有了，把它放到赛场上，其他的鸡转头就跑，没有敢来跟它交锋的。”果然，把这只鸡放到斗鸡场上，不论别的鸡怎么气势汹汹地挑衅，它都无动于衷，就像一只木头鸡一样。还不等它有什么动作，别的鸡就都吓跑了。

所以，当有人说你“呆若木鸡”的时候，先别生气，科普一下“呆若木鸡”的来历。

翻译填空

纪渻子为宣王训练斗鸡。十天后，宣王问道：“鸡训练好了吗？”纪渻子说：“还不行，它还很骄傲自负，（　　　）意气行事。”过了十天，宣王又问斗鸡训练好了没有。纪渻子说：“还不行，它仍然对别的鸡的啼叫和接近有所（　　　）。”又过了十天，宣王又问，纪渻子说：“还不行，它的目光还是太锐利，总是（　　　）地看着对方。”又过了十天，宣王又问。纪渻子说：“差不多了，即使别的鸡（　　　），它也没有任何反应了。看起来就像木头鸡似的，它作为斗鸡的德行已完备，别的鸡没有敢应战的，看见它转身就（　　　）了。”

参考答案：凭着、反应、气势汹汹、鸣叫、逃跑

写作一点通

语言描写

语言描写是细节描写的一种。它不仅是塑造人物形象的重要手段，也能够用来预示和推动故事情节的发展。

这篇小古文的独特之处在于：全篇仅用语言描写就构建了一个完整的故事，看似重复的对话，却展现了作者高超的语言技巧。

- 语言描写
  - 塑造人物形象
    - 四个“问”表现了周宣王急不可耐的形象
    - 三个“未也”加“几矣”表现了纪渻子胸有成竹的形象
  - 推动故事情节发展
    - 开端 —— 为王养斗鸡
    - 发展
      - 方虚骄而盛气；犹应响景
      - 疾视而盛气
      - 鸡虽有鸣者，已无变矣
    - 结局 —— 呆若木鸡，无敢应者

思考探究

1. 你从这则寓言中得到了什么启发？
2. 如果你是纪渻子，面对宣王一次次打扰，你会怎么说，怎么做？

日积月累

什么是通假字？

通假字，是中国古书的用字现象之一，“通假”就是“通用、借代”，即用读音相同或者相近的字代替本字。本文中的“反”，通“返”。

为什么会有通假字呢？原因有二：

1.字不够用，字的创造一定是由少到多的，如果要用的字，还没造出来，就必须找个样子差不多的字代替。叫作“本无其字”。

2.这个字造出来啦，古人因为种种原因，把这个字写成了“假”的字，也叫通假。